# 本書の特色と使い方

教科書の内容を各児童の学習進度にあわせて使用できます

教科書の内容に沿って作成していますので，各学年で学習する単元や内容を身につけることができます。

学年や学校の学習進度に関係なく，各児童の学習進度にあわせてご使用ください。

基本的な内容をゆっくりていねいに学べます

算数が苦手な児童でも，無理なく，最後までやりとげられるよう，問題数を少なくしています。

また，児童が自分で問題を解いていくときの支援になるよう，問題を解くヒントや見本をのせています。

うすい文字は，なぞって練習してください。

問題数が多い場合は，1シートの半分ずつを使用するなど，各児童にあわせてご使用ください。

本書をコピー・印刷してくりかえし練習できます

学校の先生方は，学校でコピーや印刷をして使えます。

各児童にあわせて，必要な個所は，拡大コピーするなどしてご使用ください。

「解答例」を参考に指導することができます

本書p102～「解答例」を掲載しております。まず，指導される方が問題を解き，本書の解答例も参考に解答を作成してください。

児童の多様な解き方や考え方に沿って答え合わせをお願いいたします。

目　次

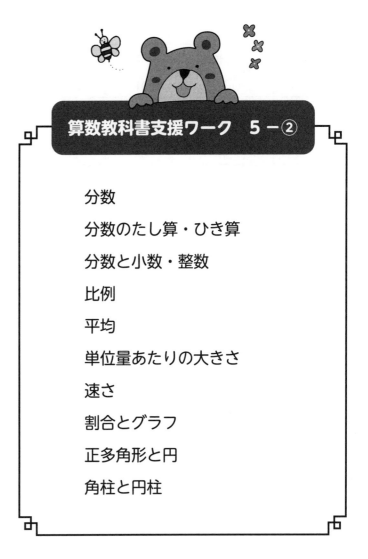

算数教科書支援ワーク　5－②

分数

分数のたし算・ひき算

分数と小数・整数

比例

平均

単位量あたりの大きさ

速さ

割合とグラフ

正多角形と円

角柱と円柱

整数と小数 (1)

せいすう　しょうすう

	月	日	名 前

● 3.274 という数について□にあてはまる数を書きましょう。

一の位	$\frac{1}{10}$ の位	$\frac{1}{100}$ の位	$\frac{1}{1000}$ の位
1	0.1	0.01	0.001
3	2	7	4

① 7は，$\dfrac{1}{\boxed{}}$ の位の数字です。

② 7は，$\boxed{}$ が 7 こあることを
表しています。

③ 3.274 は，1を $\boxed{}$ こ，0.1を $\boxed{}$ こ，

0.01を $\boxed{}$ こ，0.001を $\boxed{}$ こあわせた

数です。

④ 3.274 = 1 × 3 + 0.1 × $\boxed{}$ + 0.01 ×

$\boxed{}$ + 0.001 × $\boxed{}$

整数と小数 (2)

● 次の ①～④ の数を書きましょう。

① 1を8こ, 0.1を4こ,
0.01を3こ, 0.001を6こあわせた数

一の位	$\frac{1}{10}$の位	$\frac{1}{100}$の位	$\frac{1}{1000}$の位
1	0.1	0.01	0.001
8	4	3	6

答え

② 1を7こ, 0.1を9こ, 0.001を2こ
あわせた数

一の位	$\frac{1}{10}$の位	$\frac{1}{100}$の位	$\frac{1}{1000}$の位
1	0.1	0.01	0.001

答え

③ 10を1こ, 1を5こ, 0.1を9こ,
0.01を3こ, 0.001を7こあわせた数

十の位	一の位	$\frac{1}{10}$の位	$\frac{1}{100}$の位	$\frac{1}{1000}$の位
10	1	0.1	0.01	0.001

答え

④ 10を6こ, 0.1を8こ, 0.001を3こ
あわせた数

十の位	一の位	$\frac{1}{10}$の位	$\frac{1}{100}$の位	$\frac{1}{1000}$の位
10	1	0.1	0.01	0.001

答え

● □にあてはまる数を書きましょう。

表に数を入れるとよくわかるね。

① $5.639 = 1 \times \boxed{} + 0.1 \times \boxed{} + 0.01 \times \boxed{}$

$+ 0.001 \times \boxed{}$

百	十	一	$\frac{1}{10}$	$\frac{1}{100}$	$\frac{1}{1000}$
100	10	1	0.1	0.01	0.001
		5	6	3	9

② $24.805 = 10 \times \boxed{} + 1 \times \boxed{} + 0.1 \times \boxed{} +$

$0.01 \times \boxed{} + 0.001 \times \boxed{}$

百	十	一	$\frac{1}{10}$	$\frac{1}{100}$	$\frac{1}{1000}$
100	10	1	0.1	0.01	0.001

③ $479.3 = 100 \times \boxed{} + 10 \times \boxed{} + 1 \times \boxed{}$

$+ 0.1 \times \boxed{}$

百	十	一	$\frac{1}{10}$	$\frac{1}{100}$	$\frac{1}{1000}$
100	10	1	0.1	0.01	0.001

整数と小数 (4)

せいすう　しょうすう

		名 前
月	日	

● □にあてはまる不等号を書きましょう。

① 5 □ 4.968

一の位	$\frac{1}{10}$ の位	$\frac{1}{100}$ の位	$\frac{1}{1000}$ の位
5			
4.	9	6	8

位を
そろえて
くらべよう。

② 2.87 □ 3.1

一の位	$\frac{1}{10}$ の位	$\frac{1}{100}$ の位	$\frac{1}{1000}$ の位

上の位から
くらべていくと
よかったね。

③ 0.01 □ 0.1

一の位	$\frac{1}{10}$ の位	$\frac{1}{100}$ の位	$\frac{1}{1000}$ の位

④ 0 □ 0.1

一の位	$\frac{1}{10}$ の位	$\frac{1}{100}$ の位	$\frac{1}{1000}$ の位

⑤ 10.2 □ 9.75

十の位	一の位	$\frac{1}{10}$ の位	$\frac{1}{100}$ の位	$\frac{1}{1000}$ の位

整数と小数 (4)

整数と小数 (5)

		名 前
月	日	

● 次の ①〜⑤ の数は，0.001 を何こ集めた数ですか。

□にあてはまる数を書きましょう。

> 0.01 は 0.001 を 10 こ集めた数
> 0.1 は 0.001 を 100 こ集めた数
> 1 は 0.001 を 1000 こ集めた数

① 0.009

 こ

一の位	$\frac{1}{10}$の位	$\frac{1}{100}$の位	$\frac{1}{1000}$の位
0.	0	0	9
0.	0	0	1

② 0.073

 こ

一の位	$\frac{1}{10}$の位	$\frac{1}{100}$の位	$\frac{1}{1000}$の位
0.	0	0	1

③ 0.258

□ こ

一の位	$\frac{1}{10}$の位	$\frac{1}{100}$の位	$\frac{1}{1000}$の位
0.	0	0	1

④ 5.164

□ こ

一の位	$\frac{1}{10}$の位	$\frac{1}{100}$の位	$\frac{1}{1000}$の位
0.	0	0	1

⑤ 8.7

 こ

一の位	$\frac{1}{10}$の位	$\frac{1}{100}$の位	$\frac{1}{1000}$の位
0.	0	0	1

整数と小数 （6）

● 下の□に右のカードをあてはめて，いろいろな小数をつくりましょう。

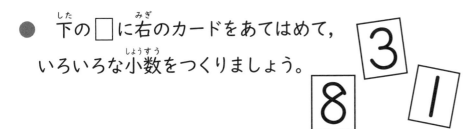

① いちばん大きい数

一の位　　1/10の位　　1/100の位

[ ].[ ][ ]

② いちばん小さい数

[ ].[ ][ ]

③ 2番めに大きい数

[ ].[ ][ ]

● 下の□に右のカードをあてはめて，いろいろな小数をつくりましょう。

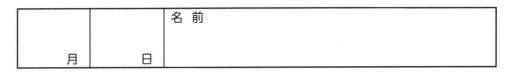

① いちばん大きい数

一の位　　1/10の位　　1/100の位　　1/1000の位

[ ].[ ][ ][ ]

② いちばん小さい数

[ ].[ ][ ][ ]

整数と小数 (7)

	月	日	名 前

● 3.46 を 10 倍，100 倍，1000 倍した数を書きましょう。

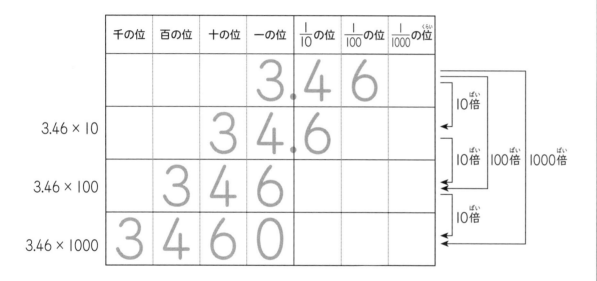

	千の位	百の位	十の位	一の位	$\frac{1}{10}$の位	$\frac{1}{100}$の位	$\frac{1}{1000}$の位
				3.	4	6	
3.46 × 10			3	4.	6		
3.46 × 100		3	4	6			
3.46 × 1000	3	4	6	0			

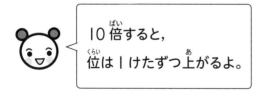

10 倍すると，
位は 1 けたずつ 上がるよ。

■ 次の ①，② の数を 10 倍，100 倍，1000 倍した数を書きましょう。

① 0.12

	千の位	百の位	十の位	一の位	$\frac{1}{10}$の位	$\frac{1}{100}$の位	$\frac{1}{1000}$の位
				0.	1	2	
10 倍							
100 倍							
1000 倍							

② 0.5

	千の位	百の位	十の位	一の位	$\frac{1}{10}$の位	$\frac{1}{100}$の位	$\frac{1}{1000}$の位
				0.	5		
10 倍							
100 倍							
1000 倍							

整数と小数 (8)

名 前

月　日

● 826 を $\frac{1}{10}$, $\frac{1}{100}$, $\frac{1}{1000}$ にした数を書きましょう。

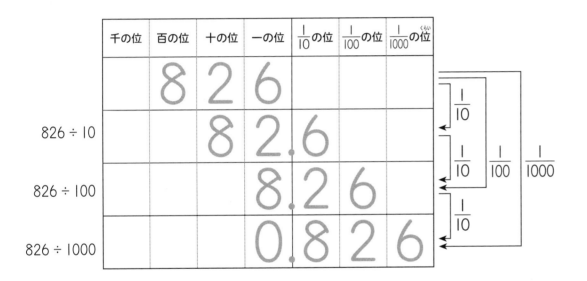

	千の位	百の位	十の位	一の位	$\frac{1}{10}$の位	$\frac{1}{100}$の位	$\frac{1}{1000}$の位
		8	2	6			
826÷10			8	2	6		
826÷100				8	2	6	
826÷1000				0	8	2	6

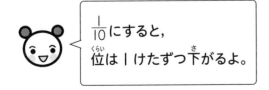

$\frac{1}{10}$ にすると，
位は1けたずつ下がるよ。

■ 次の ①，② の数を $\frac{1}{10}$, $\frac{1}{100}$, $\frac{1}{1000}$ にした数を書きましょう。

① 40

	千の位	百の位	十の位	一の位	$\frac{1}{10}$の位	$\frac{1}{100}$の位	$\frac{1}{1000}$の位
			4	0			
$\frac{1}{10}$							
$\frac{1}{100}$							
$\frac{1}{1000}$							

② 3

	千の位	百の位	十の位	一の位	$\frac{1}{10}$の位	$\frac{1}{100}$の位	$\frac{1}{1000}$の位
				3			
$\frac{1}{10}$							
$\frac{1}{100}$							
$\frac{1}{1000}$							

11

せいすう　しょうすう

		名 前
月	日	

● 次の ㋐〜㋒ の数は，それぞれ 2.78 を何倍した数ですか。

㋐　27.8　　［　］倍

㋑　278　　［　］倍

㋒　2780　　［　］倍

千の位	百の位	十の位	一の位	$\frac{1}{10}$の位	$\frac{1}{100}$の位	$\frac{1}{1000}$の位
			2.	7	8	
		2	7.	8		

■ 計算をしましょう。

① 8.34 × 100 ＝ ［　］

② 16.9 × 1000 ＝ ［　］

③ 5.02 × 10 ＝ ［　］

12

整数と小数 (10)

		名 前
月	日	

● 次の ㋐〜㋒ の数は，それぞれ 73 を何分の一にした数ですか。

㋐ 7.3　　$\dfrac{1}{\boxed{}}$　　㋑ 0.73　　$\dfrac{1}{\boxed{}}$

㋒ 0.073　　$\dfrac{1}{\boxed{}}$

千の位	百の位	十の位	一の位	$\frac{1}{10}$の位	$\frac{1}{100}$の位	$\frac{1}{1000}$の位
		7	3			
			7	3		

■ 計算をしましょう。

① $9.2 \div 10 = \boxed{}$

② $48.5 \div 1000 = \boxed{}$

③ $1.6 \div 100 = \boxed{}$

体積 (1)

もののかさのことを体積といいます。

１辺が１cmの立方体の体積を，

１立方センチメートルといい，

１cm³ と書きます。

１cm³

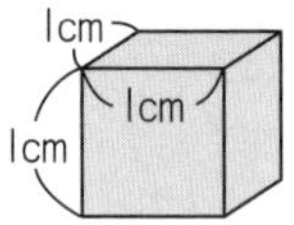

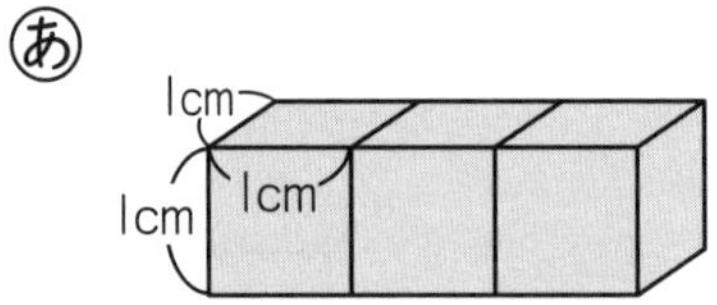

● 下の ㋐, ㋑ の体積は何cm³ ですか。

㋐

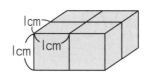

１cm³が □ こ分で

□ cm³

㋑

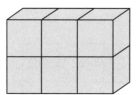

１cm³が □ こ分で

□ cm³

�あ

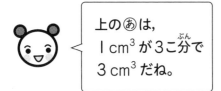

上の㋐は，
１cm³ が３こ分で
３cm³ だね。

■ 練習しましょう。

1cm³ 2cm³ 3cm³ 4cm³ 5cm³

体積 (2)

		名 前
月	日	

● 1cm³ の立方体の積み木でいろいろな形を作りました。

体積は何cm³ ですか。

①

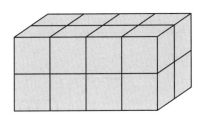

[ ] cm³

②

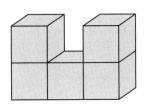

[ ] cm³

③

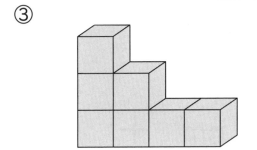

[ ] cm³

この形の体積は何cm³かな。

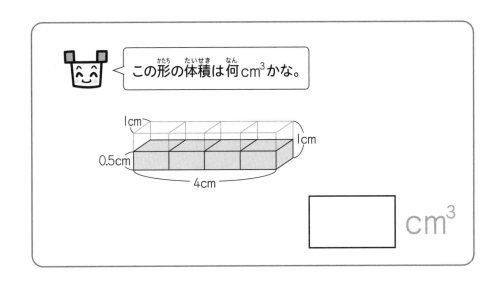

[ ] cm³

15

体積 (3)

		名 前
月	日	

● あ の体積と い の体積をあわせると何cm³ になりますか。

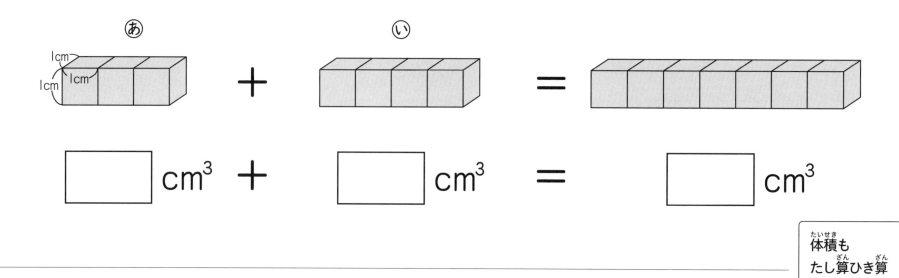

あ

い

$\boxed{}$ cm³ + $\boxed{}$ cm³ = $\boxed{}$ cm³

体積も
たし算ひき算
できるね。

● か の体積から き の体積をひくと何cm³になりますか。

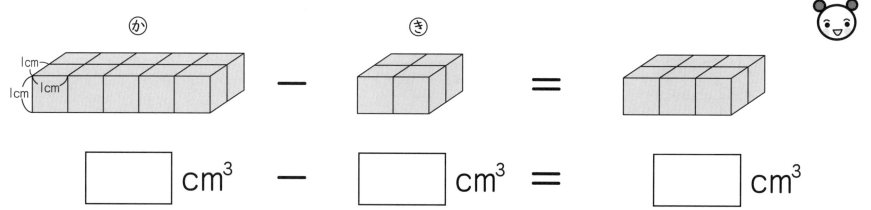

か

き

$\boxed{}$ cm³ － $\boxed{}$ cm³ = $\boxed{}$ cm³

体積 (4)

● 次の直方体や立方体の体積を求めましょう。

「1cm³ の立方体の数を計算で求めよう。」

①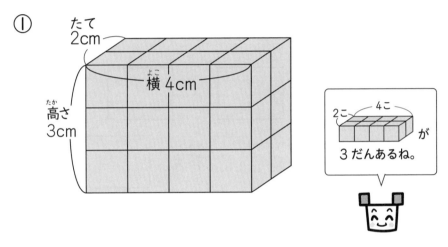

式

たての数		横の数		だんの数		全部の数
2	×	4	×	3	=	
たての長さ		横の長さ		高さ		体積

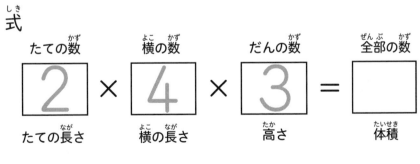

答え ⬜ cm³

②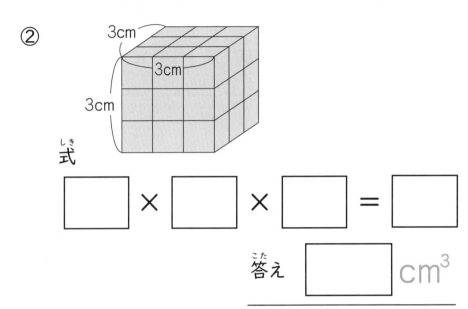

式

⬜ × ⬜ × ⬜ = ⬜

答え ⬜ cm³

③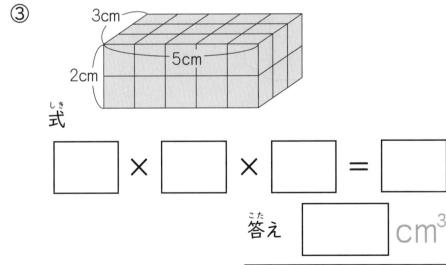

式

⬜ × ⬜ × ⬜ = ⬜

答え ⬜ cm³

体積 (5)

> 直方体の体積 = たて × 横 × 高さ
>
> 立方体の体積 = | 辺 × | 辺 × | 辺

● 次の直方体や立方体の体積を求めましょう。

①

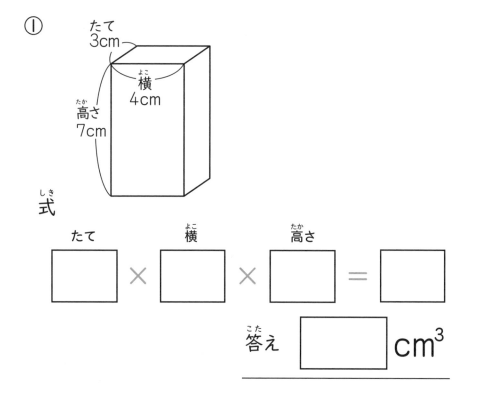

たて 3cm
横 4cm
高さ 7cm

式

たて		横		高さ		
□	×	□	×	□	=	□

答え □ cm³

②

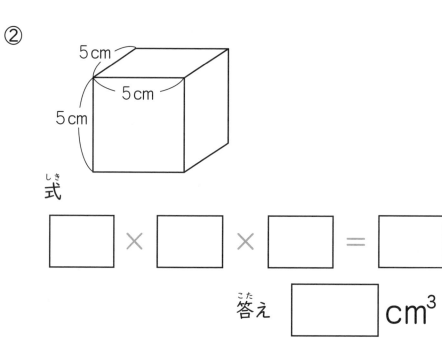

5cm
5cm
5cm

式

□	×	□	×	□	=	□

答え □ cm³

③

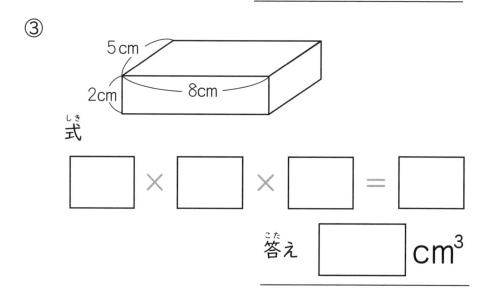

5cm
2cm
8cm

式

□	×	□	×	□	=	□

答え □ cm³

体積 (6)

● ⓐ の立体の体積を求めましょう。

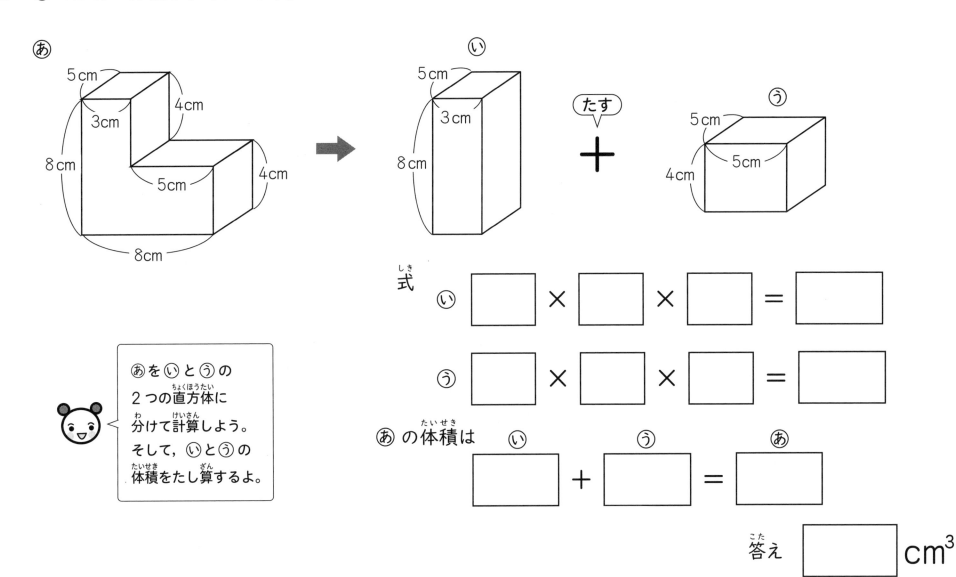

ⓐ

5cm
3cm
4cm
8cm
5cm
4cm
8cm

ⓘ
5cm
3cm
8cm

たす

＋

ⓤ
5cm
5cm
4cm

ⓐをⓘとⓤの
2つの直方体に
分けて計算しよう。
そして，ⓘとⓤの
体積をたし算するよ。

式

ⓘ 　　 × 　　 × 　　 ＝ 　　

ⓤ 　　 × 　　 × 　　 ＝ 　　

ⓐ の体積は　　ⓘ　　　　ⓤ　　　　ⓐ

　　 ＋ 　　 ＝ 　　

答え 　　 cm³

● あ の立体の体積を求めましょう。

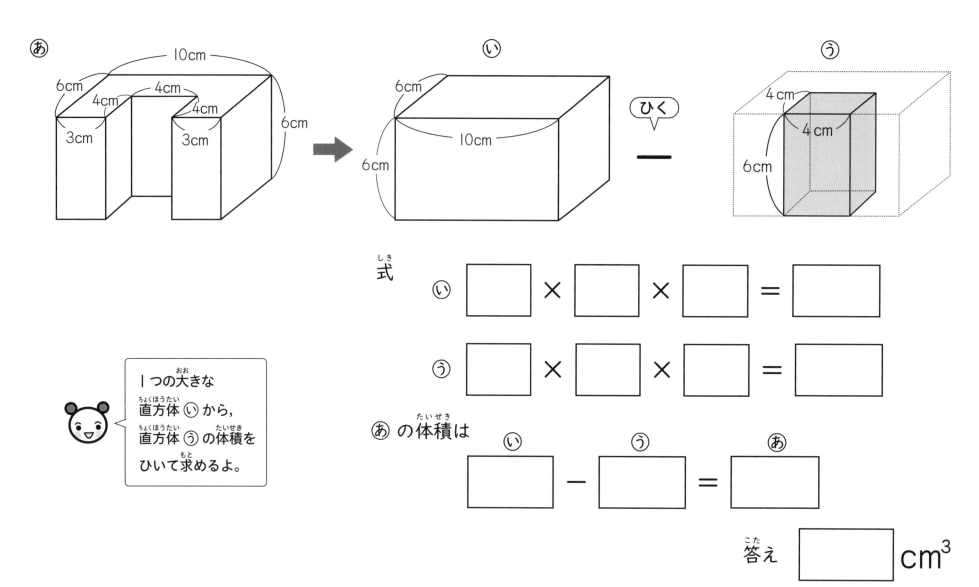

式

い [ ] × [ ] × [ ] = [ ]

う [ ] × [ ] × [ ] = [ ]

あ の体積は

い [ ] － う [ ] = あ [ ]

答え [ ] cm³

1つの大きな
直方体 い から，
直方体 う の体積を
ひいて求めるよ。

体積 (8)

1辺が1mの立方体の体積を，1立方メートルといい，1m³と書きます。

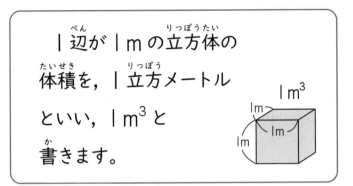

● 次の直方体の体積を求めましょう。

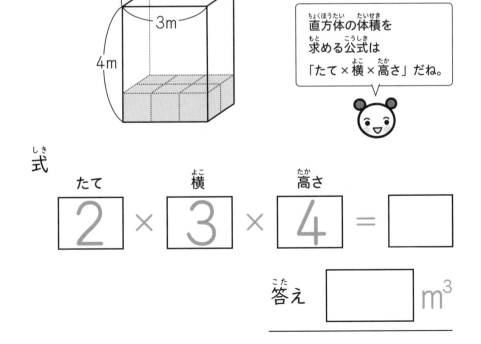

直方体の体積を求める公式は「たて×横×高さ」だね。

式

たて		横		高さ	
2	×	3	×	4	=

答え ☐ m³

■ 次の直方体や立方体の体積を求めましょう。

①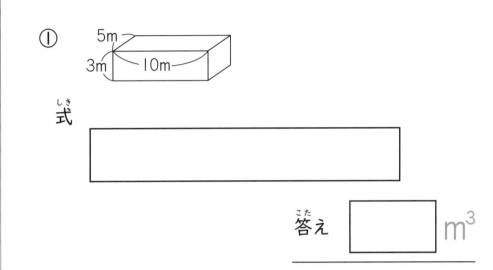

5m　3m　10m

式

答え ☐ m³

②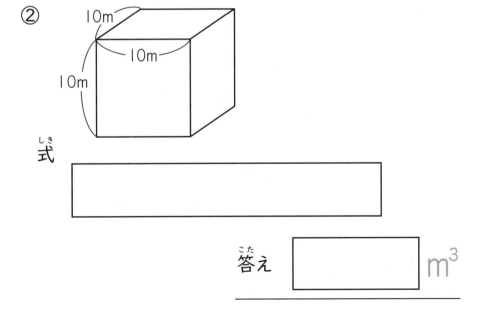

10m　10m　10m

式

答え ☐ m³

21

体積 (9)

● 1m³ は何 cm³ ですか。

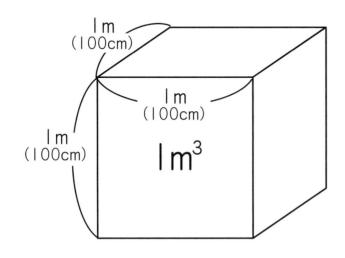

1m は [100] cm だから

100 × 100 × 100 = [　　　　　]
(cm)　(cm)　(cm)

1m³ = [　　　　　] cm³

● 次の直方体の体積を求めましょう。

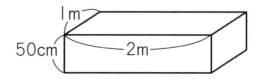

① 長さの単位を cm にそろえて求めましょう。

式

たて　　横　　高さ
[100] × [　　] × 50 = [　　　　]

答え [　　　　　　　] cm³

② 直方体の体積を m³ で表しましょう。

1m³ = 1000000cm³

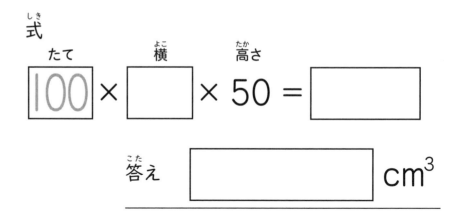

答え [　　　] m³

22

体積 (10)

		名 前
月	日	

● 厚さ1cmの板で下のような直方体の形をした入れ物を作りました。

この入れ物いっぱいに入る水の体積は何cm³ですか。

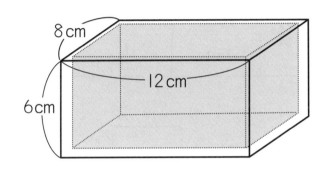

入れ物などの内側のたて，横，深さのことを内のりといいます。
入れ物の内側いっぱいの体積を，その入れ物の容積といいます。

① 入れ物の内側の たて，横，深さはそれぞれ何cmですか。

板の厚さ

たて　8cm − 2 cm = ☐ cm

横　12cm − 2 cm = ☐ cm

深さ　6cm − 1 cm = ☐ cm

② この入れ物の容積を求めましょう。

①で求めた内のりで計算しよう。

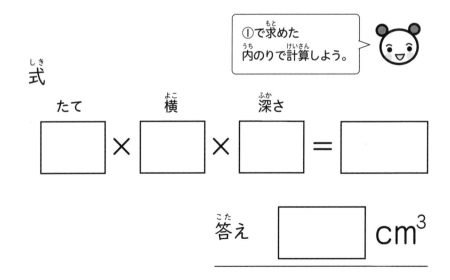

式

たて	横	深さ	
☐	× ☐	× ☐	= ☐

答え　☐ cm³

23

体積 (11)

● 内のりのたて，横，深さがどれも 10cm の入れ物には，ちょうど 1L の水が入ります。

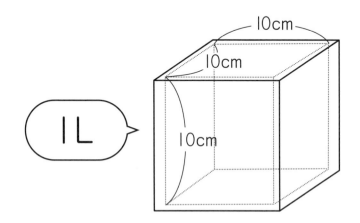

1L は何 cm³ ですか。

式

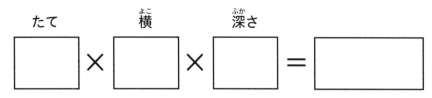

1L = ☐ cm³

■ 次の表を見て，□にあてはまる数を書きましょう。

1辺の長さ	1cm	10cm	1m (100cm)
立方体の体積	1cm³	1000cm³	1m³
	1mL	1L (1000mL)	1kL (1000L)

① 1000cm³ = ☐ L

② 5L = ☐ cm³

③ 3cm³ = ☐ mL

④ 1m³ = ☐ L

24

体積 (12)

● 下のような直方体の形をした入れ物の容積を求めましょう。

長さはすべて内のりです。

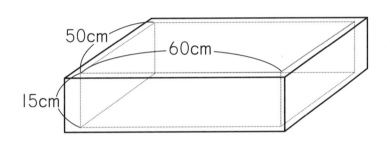

① 容積は何cm³ ですか。

式

たて		横		深さ		
☐	×	☐	×	☐	=	☐

答え ☐ cm³

② 水は何L 入りますか。

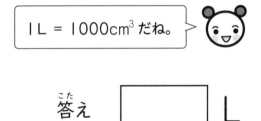

1L = 1000cm³ だね。

答え ☐ L

25

● 3.2 × 2.1 を筆算でしましょう。

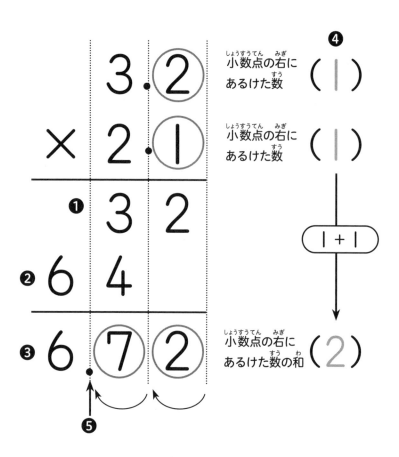

④ 小数点の右にあるけた数 （１）

小数点の右にあるけた数 （１）

❶ 3 2

❷ 6 4

❸ 6 7 2　小数点の右にあるけた数の和 （２）

❺

１ + １

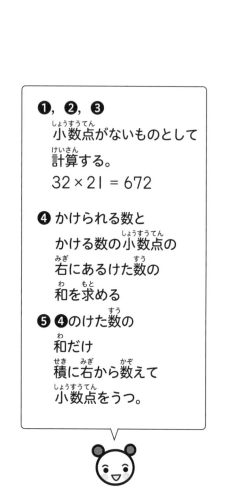

❶, ❷, ❸
小数点がないものとして計算する。

32 × 21 = 672

④ かけられる数とかける数の小数点の右にあるけた数の和を求める

❺ ④のけた数の和だけ積に右から数えて小数点をうつ。

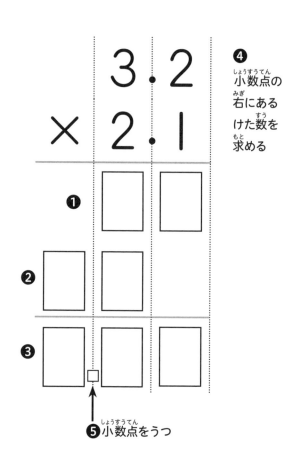

④ 小数点の右にあるけた数を求める

❶

❷

❸

❺ 小数点をうつ

小数のかけ算（2）　筆算の仕方（□.□□ × □.□）

		名　前
月	日	

● 2.14 × 3.2 を筆算でしましょう。

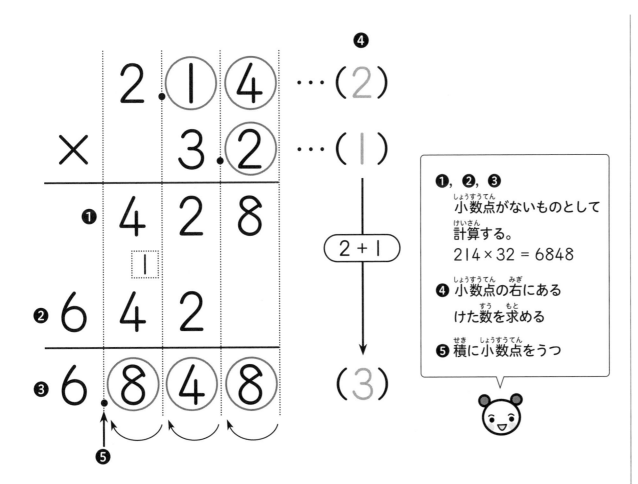

❶, ❷, ❸
小数点がないものとして
計算する。
214 × 32 = 6848

❹ 小数点の右にある
けた数を求める

❺ 積に小数点をうつ

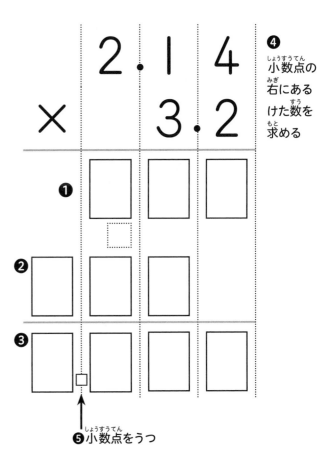

❹ 小数点の
右にある
けた数を
求める

❺ 小数点をうつ

		名 前
月	日	

● 答えに小数点をうちましょう。

①
$$
\begin{array}{r}
4.\textcircled{3} \quad \cdots\cdots 1 \\
\times\ 2.\textcircled{7} \quad \cdots +1 \\
\hline
2 \\
3\ 0\ 1 \\
8\ 6 \\
\hline
1\ 1\ \textcircled{6}\ \textcircled{1}
\end{array}
$$

②
$$
\begin{array}{r}
3.1\ 9 \\
\times\ 2.6 \\
\hline
1\ 9\ 1\ 4 \\
6\ 3\ 8 \\
\hline
8\ 2\ 9\ 4
\end{array}
$$

③
$$
\begin{array}{r}
7.2 \\
\times\ 1.3\ 8 \\
\hline
5\ 7\ 6 \\
2\ 1\ 6 \\
7\ 2 \\
\hline
9\ 9\ 3\ 6
\end{array}
$$

④
$$
\begin{array}{r}
8.5 \\
\times\ 0.4\ 3 \\
\hline
2\ 5\ 5 \\
3\ 4\ 0 \\
\hline
3\ 6\ 5\ 5
\end{array}
$$

⑤
$$
\begin{array}{r}
0.6 \\
\times\ 1.8 \\
\hline
4\ 8 \\
6 \\
\hline
1\ 0\ 8
\end{array}
$$

答えの
小数点の位置には
どんなきまりが
あったかな。

28

名前

月　日

● 計算をしましょう。

①
$$
\begin{array}{r}
6.④ \\
\times\ 3.⑧ \\
\hline
\end{array}
$$

②
$$
\begin{array}{r}
4.5 \\
\times\ 7.3 \\
\hline
\end{array}
$$

③
$$
\begin{array}{r}
8.2 \\
\times\ 2.6 \\
\hline
\end{array}
$$

小数のかけ算 (5)

□.□□ × □.□ の計算

● 筆算でしましょう。

① 4.32 × 1.8

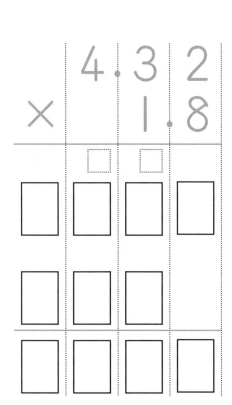

② 6.17 × 4.5

③ 5.53 × 2.4

小数のかけ算（6）　　積の0を消す計算

名前

月　日

● 計算をしましょう。

①
$$2.8 \times 3.5$$

```
  2.⑧
× 3.⑤
-----
  140
  84
-----
 9.80
```

小数点が
あるとき，
右はしの0は
＼で消して
おくよ。

②
$$6.5 \times 4.2$$

③
$$2.86 \times 7.5$$

31

小数のかけ算 (7)　　0.□, 0.□□ × □.□ の計算

		名　前
月	日	

● 計算をしましょう。

①
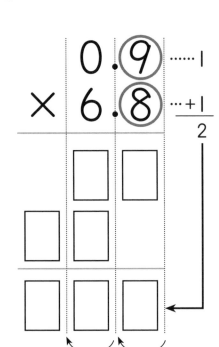

②
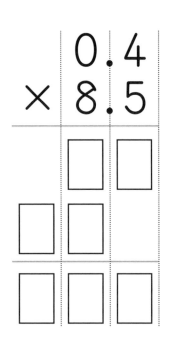

③
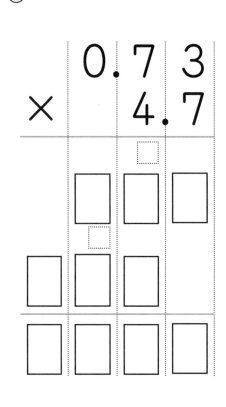

④

```
    0.2 6
×   5.5
```

かけられる数が 0.□ や 0.□□ でも
計算の仕方は同じだね。

32

		名 前
月	日	

● 計算をしましょう。

①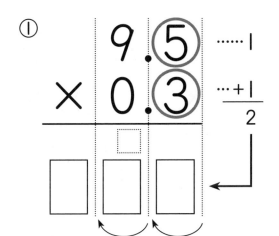

②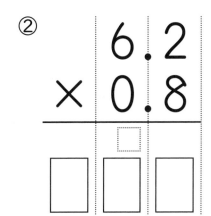

③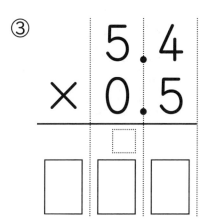

④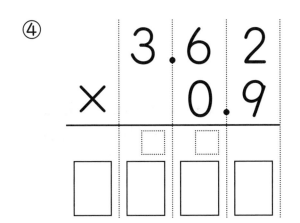

⑤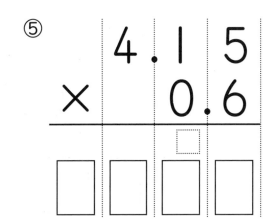

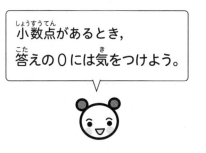

小数点があるとき，
答えの0には気をつけよう。

33

● 計算をしましょう。

①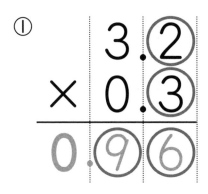
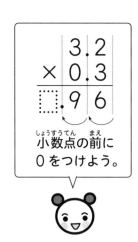
小数点の前に
0をつけよう。

②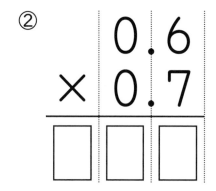

③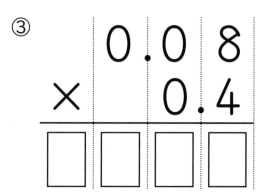

④

⑤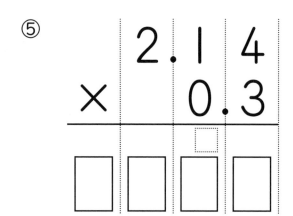

0をつけたすのを
わすれないでね。

小数のかけ算 （10）

積に0をつけたす計算

月	日	名 前

● 計算をしましょう。

①
```
    0.8
×  0.56
```

②
```
    0.07
×   0.09
```

③
```
    0.06
×   0.43
```

④
```
     0.2
×   0.84
```

 答えの小数点の位置はどこになるかな。
0をつけたすのをわすれないでね。

		名前
月	日	

● 計算をしましょう。

①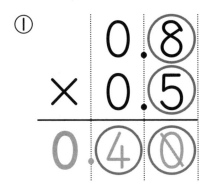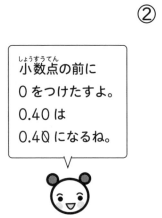

小数点の前に
0をつけたすよ。
0.40 は
0.40 になるね。

②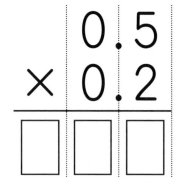

③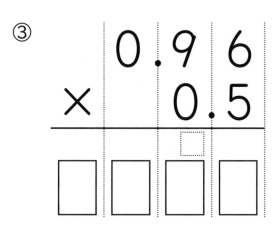

④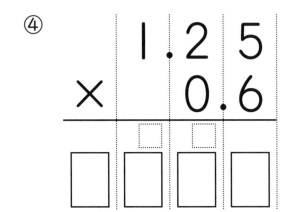

⑤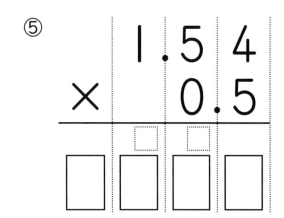

0をつけたして、
0をとる。
どちらも
わすれないでね。

36

小数のかけ算 (12)

● 計算をしましょう。

①
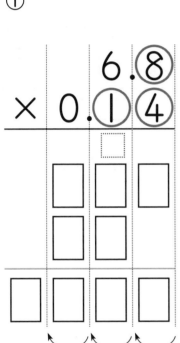

$$
\begin{array}{r}
6.8 \\
\times\ 0.14 \\
\hline
\end{array}
$$

②
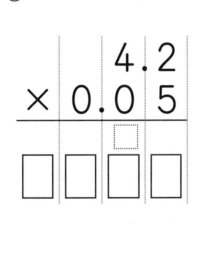

$$
\begin{array}{r}
4.2 \\
\times\ 0.05 \\
\hline
\end{array}
$$

③

$$
\begin{array}{r}
1.06 \\
\times\ 0.72 \\
\hline
\end{array}
$$

④

$$
\begin{array}{r}
3.15 \\
\times\ 0.04 \\
\hline
\end{array}
$$

0をつけたり，
0を消したりするのをわすれないでね。

37

小数のかけ算 (13)

整数 × 小数

● 計算をしましょう。

①
$$
\begin{array}{r}
2\,4 \\
\times\ 0.6 \\
\hline
\end{array}
$$

②
$$
\begin{array}{r}
1\,5 \\
\times\ 0.8 \\
\hline
\end{array}
$$

③
$$
\begin{array}{r}
3\,6 \\
\times\ 0.0\,7 \\
\hline
\end{array}
$$

④
$$
\begin{array}{r}
4\,3 \\
\times\ 6.2 \\
\hline
\end{array}
$$

⑤
$$
\begin{array}{r}
7\,0 \\
\times\ 0.1\,3 \\
\hline
\end{array}
$$

小数のかけ算 (14)

● たて 5.4m，横 6.5m の長方形の花だんの面積は何 m² ですか。

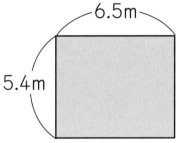

6.5m

5.4m

長方形の面積 = たて × 横

式

		5	.	4
	×	6	.	5

答え [　　　] m²

● くふうして計算しましょう。

① 1.6 × 0.9 + 2.4 × 0.9

= (1.6 + [　　]) × 0.9

= [　　] × 0.9

= [　　]

② 0.2 × 6.7 × 5

= 0.2 × [　　] × 6.7

= [　　] × 6.7

= [　　]

名前

月　日

● 3.84 ÷ 2.4 を筆算でしましょう。

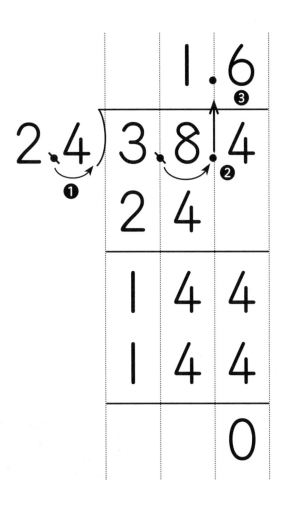

❶ わる数が整数に
なるように小数点を
右へうつす。

2.4 ➡ 2.4

❷ わられる数の小数点も，
わる数と同じだけ
右へうつす。

3.84 ➡ 3.8.4

❸ 整数と同じように計算して，
わられる数の小数点に
そろえて，商の小数点をうつ。

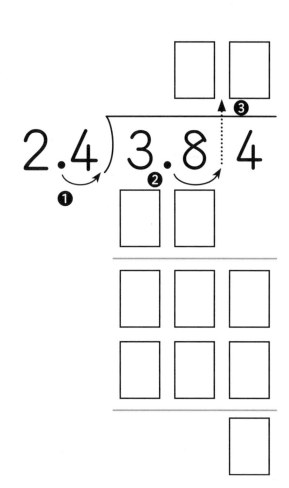

小数のわり算 (2)

□.□□÷□.□=□.□の計算

名 前

月　日

● 筆算でしましょう。

① 7.74 ÷ 1.8

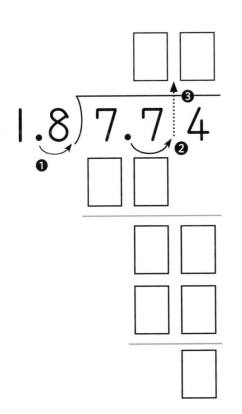

② 8.51 ÷ 3.7

$$3.7 \overline{)8.51}$$

③ 9.86 ÷ 2.9

$$2.9 \overline{)9.86}$$

❶ わる数を整数にする。　❷ わられる数の小数点をわる数と同じだけ右へうつす。

❸ 整数と同じように計算して商に小数点をうつ。

41

小数のわり算 (3)

商が整数になる計算

● 筆算でしましょう。

① 8.1 ÷ 2.7

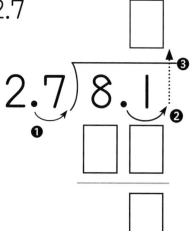

② 67.2 ÷ 8.4

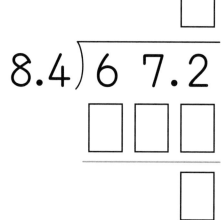

③ 64.5 ÷ 4.3

$$4.3\overline{)64.5}$$

④ 91.2 ÷ 3.8

$$3.8\overline{)91.2}$$

 小数点を ❶→❷→❸ と動かして計算しよう。

名　前

月　日

● 筆算でしましょう。

① 3.9 ÷ 2.6

```
          1.5
      ┌─────────
  2.6 )  3.9
         2 6
      ─────────
         1 3 0
         1 3 0
      ─────────
             0
```

0を
つけたして
計算して
いこう

② 6.3 ÷ 1.8

```
          □ □
      ┌─────────
  1.8 )  6.3
         □ □
      ─────────
         □ □ 0
         □ □
      ─────────
             □
```

③ 8.4 ÷ 3.5

```
          □ □
      ┌─────────
  3.5 )  8.4
         □ □
      ─────────
         □ □ 0
         □ □ □
      ─────────
             □
```

● 筆算でしましょう。

① 46.2 ÷ 8.4

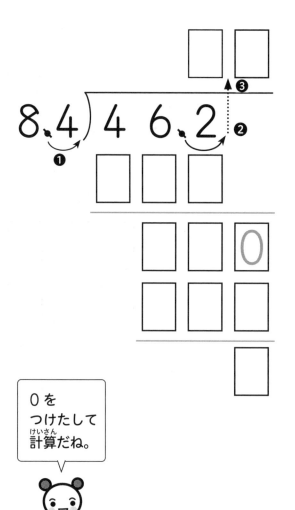

0を
つけたして
計算だね。

② 34.5 ÷ 4.6

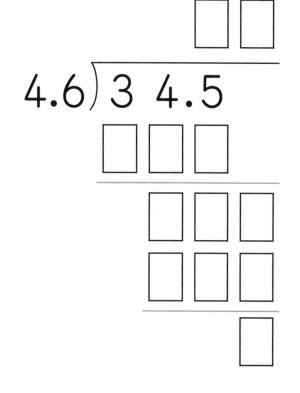

③ 24.7 ÷ 3.8

小数のわり算 (6)

0.□ でわる計算

● 筆算でしましょう。

① 9.45 ÷ 0.7

```
      □ □ □
0.7 ) 9.4 5
        □
      □ □
      □ □

      □ □
      □ □

        □
```

② 3.48 ÷ 0.4

```
     □ □
0.4 ) 3.4 8
     □ □

     □ □
     □ □

       □
```

③ 5.2 ÷ 0.8

```
     □ □
0.8 ) 5.2
     □ □

     □ □
     □ □

       □
```

小数のわり算 (7)

0.□□でわる計算

● 筆算でしましょう。

① 8.64 ÷ 0.36

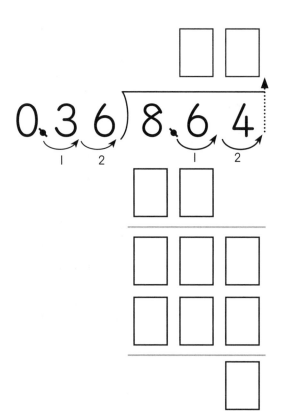

② 3.76 ÷ 0.04

③ 7.54 ÷ 0.58

小数点を右へ
2つうつすよ。

名前

月　日

● 筆算でしましょう。

① 4.08 ÷ 0.3

② 0.72 ÷ 0.45

③ 0.15 ÷ 0.06

47

小数のわり算 (9)

商に0をつけたす計算

名前

月　日

● 筆算でしましょう。

① 5.76 ÷ 7.2

$$7.2 \overline{)5.7\,6}$$

商: 0. □

答えの小数点の前に0をつけるよ。

② 0.98 ÷ 1.4

$$1.4 \overline{)0.9\,8}$$

③ 2.16 ÷ 4.8

$$4.8 \overline{)2.1\,6}$$

④ 0.57 ÷ 9.5

$$9.5 \overline{)0.5\,7\,0}$$

小数のわり算 (10)　わられる数に0をつけたす計算

名前

月　日

● 筆算でしましょう。

① 5.6 ÷ 0.16

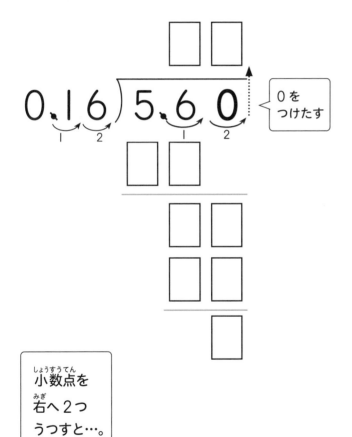

0.16) 5.60　0をつけたす

小数点を
右へ2つ
うつすと…。

② 7.6 ÷ 0.08

0.08) 7.6

③ 18.2 ÷ 0.65

0.65) 18.2

49

● 筆算でしましょう。

① 7 ÷ 1.4

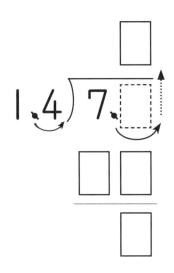

7 は 7.0 だから
7.0 ➡ 7.0

② 56 ÷ 3.5

3.5) 5 6

③ 252 ÷ 7.2

7.2) 2 5 2

50

小数のわり算 (12)

わり進むわり算

● わりきれるまで計算しましょう。

① 39 ÷ 1.2

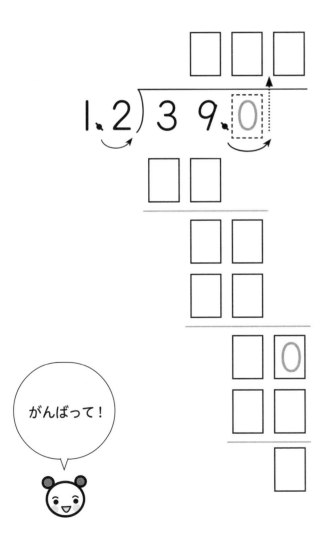

がんばって！

② 3 ÷ 0.8

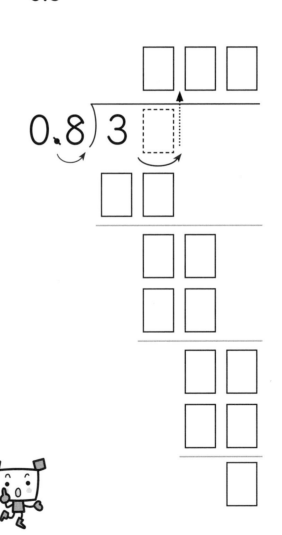

小数のわり算（13）

あまりを求める計算

● 商を整数で求め，あまりも出しましょう。

① 17.3 ÷ 3.2

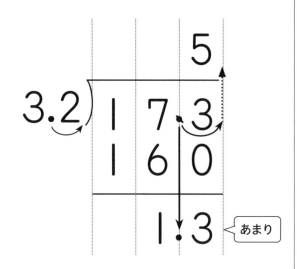

あまりの小数点は，わられる数のもとの小数点の位置にそろえるよ。

17.3 ÷ 3.2

= □ あまり □

② 3.27 ÷ 0.5

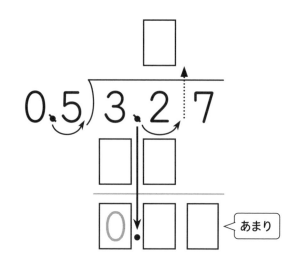

3.27 ÷ 0.5

= □ あまり □

③ 9.6 ÷ 0.27

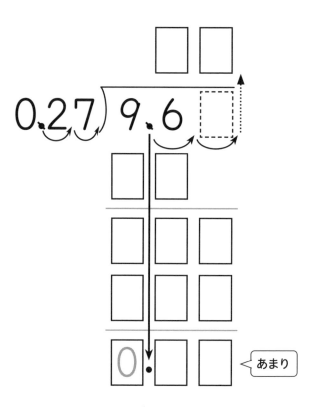

9.6 ÷ 0.27

= □ あまり □

52

名前

月　日

● 商は四捨五入して，上から2けたのがい数で求めましょう。

① 7.85 ÷ 3.6

上から2けた

```
        2
      2. 1 8    ← 上から
  3.6)7 8 5        3けためを
      7 2          四捨五入
      ─────        する
        6 5
        3 6
      ─────────
        2 9 0
        2 8 8
      ───────────
            2
            ⋮
```

答え　約 [　　]

② 55.4 ÷ 0.7

四捨五入

```
       □ □ □
  0.7)5 5.4
       □ □
     ──────
         □ □
         □ □
       ──────
           □ □
           □
         ────
             □
             ⋮
```

答え　約 [　　]

③ 9 ÷ 5.8

四捨五入

```
       □ □ □
  5.8)9 ┆□┆
       □ □
     ──────
         □ □
         □ □
       ──────
           □ □
           □ □
         ──────
             □ □
             ⋮
```

答え　約 [　　]

小数のわり算（15）

商をがい数で求める計算

● 商は四捨五入して，$\frac{1}{10}$ の位までのがい数で求めましょう。

① 5.3 ÷ 0.7

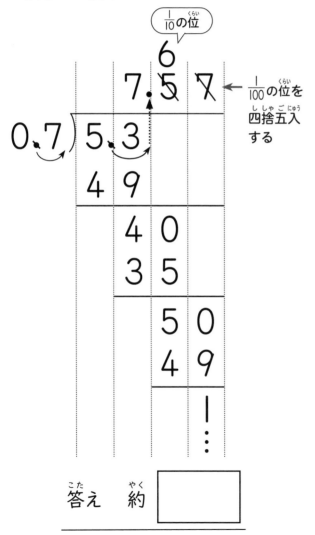

$\frac{1}{10}$の位

$\frac{1}{100}$の位を四捨五入する

答え　約　□

② 6.2 ÷ 7.4

四捨五入

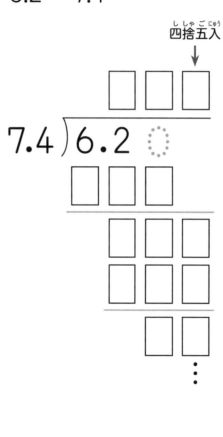

答え　約　□

③ 4.15 ÷ 8.2

四捨五入

答え　約　□

54

小数のわり算 (16)

● 43.5m² の長方形の花だんがあります。

たての長さは 5.8m です。

横の長さは何 m ですか。

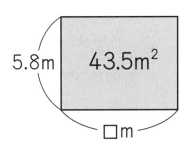

5.8m　43.5m²

□m

たて×横＝長方形の面積

5.8 × □ = 43.5

式

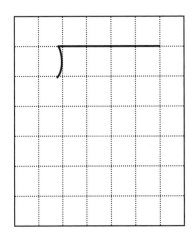

答え　☐ m

● 5.2 m のリボンを 0.65 m ずつ切ります。

0.65 m のリボンは何本できますか。

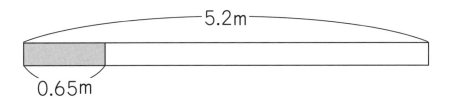

5.2m

0.65m

式

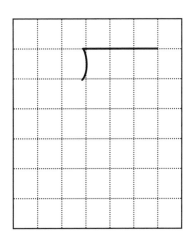

答え　☐ 本

55

小数倍 (1)

月　日

● ヒマワリの高さをくらべましょう。

① ⓘのヒマワリの高さは，

ⓐのヒマワリの高さの

何倍ですか。

ⓐの □倍が ⓘ

1.2 × □ = 1.8

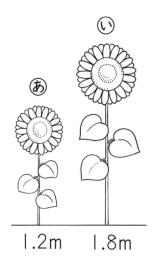

```
0          1.2    1.8      (m)
├──────────┼──────┼─────────
0          1      □        2 (倍)
```

式　$1.8 ÷ 1.2 = $

答え　　倍

② ⓤのヒマワリの高さは，

ⓐのヒマワリの高さの

何倍ですか。

ⓐの □倍が ⓤ

1.2 × □ = 0.9

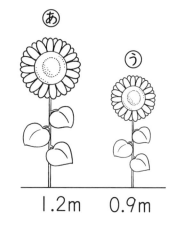

```
0        0.9  1.2           (m)
├────────┼────┼─────────────
0        □    1            2 (倍)
```

式　　÷　　＝

答え　　倍

56

<ruby>小数倍<rt>しょうすうばい</rt></ruby>（2）

		名 前
月	日	

● ジュースの<ruby>量<rt>りょう</rt></ruby>を<ruby>求<rt>もと</rt></ruby>めましょう。

① ㋐ のジュースは 5dL です。

ⓘ のジュースは，㋐ の

ジュースの 2.4 <ruby>倍<rt>ばい</rt></ruby>の<ruby>量<rt>りょう</rt></ruby>です。

ⓘ のジュースは <ruby>何<rt>なん</rt></ruby>dL ですか。

5dL　　□dL

㋐の 2.4 <ruby>倍<rt>ばい</rt></ruby>が ⓘ
5 × 2.4 = □

<ruby>式<rt>しき</rt></ruby>　□ × □ = □

<ruby>答<rt>こた</rt></ruby>え □ dL

② ㋐ のジュースは 8dL です。

ⓘ のジュースは，㋐ の

ジュースの 0.6 <ruby>倍<rt>ばい</rt></ruby>の<ruby>量<rt>りょう</rt></ruby>です。

ⓘ のジュースは <ruby>何<rt>なん</rt></ruby>dL ですか。

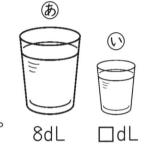

8dL　　□dL

㋐の 0.6 <ruby>倍<rt>ばい</rt></ruby>が ⓘ
8 × 0.6 = □

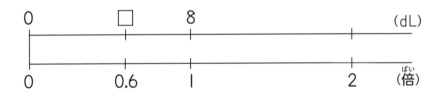

<ruby>式<rt>しき</rt></ruby>　□ × □ = □

<ruby>答<rt>こた</rt></ruby>え □ dL

小数倍 (3)

● 南小学校の今の児童数は 574 人です。

　この人数は，5 年前の児童数の 0.7 倍です。

　5 年前の児童数は何人でしたか。

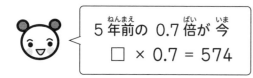

5 年前の 0.7 倍が 今
□ × 0.7 = 574

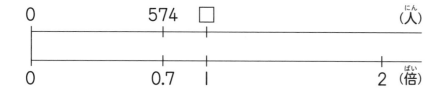

```
0        574   □                    (人)
├────────┼─────┼──────────────────────┤
0        0.7   1                    2 (倍)
```

式

$574 ÷ 0.7 = $ □

答え □ 人

● ケーキのねだんは 480 円です。

　このねだんはシュークリームのねだんの 1.6 倍です。

　シュークリームのねだんは何円ですか。

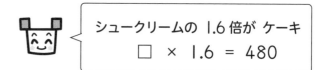

シュークリームの 1.6 倍が ケーキ
□ × 1.6 = 480

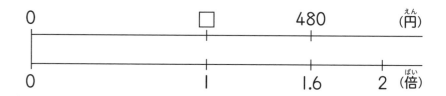

```
0              □        480          (円)
├─────────────┼─────────┼────────────┤
0              1        1.6        2 (倍)
```

式

□ ÷ □ = □

答え □ 円

58

		名前
月	日	

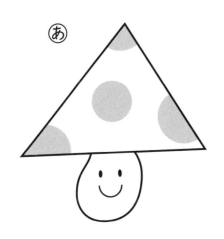 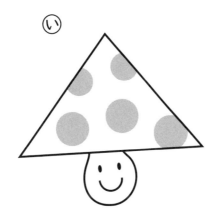 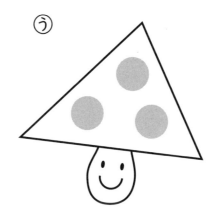 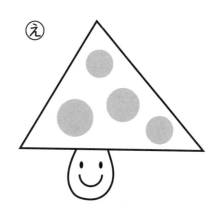

● あ〜えの<ruby>三角形<rt>さんかくけい</rt></ruby>について<ruby>調<rt>しら</rt></ruby>べましょう。

① 上のあの<ruby>三角形<rt>さんかくけい</rt></ruby>と，<ruby>形<rt>かたち</rt></ruby>も<ruby>大<rt>おお</rt></ruby>きさも<ruby>同<rt>おな</rt></ruby>じ<ruby>三角形<rt>さんかくけい</rt></ruby>はどれですか。

 うすい<ruby>紙<rt>かみ</rt></ruby>に<ruby>写<rt>うつ</rt></ruby>して<ruby>重<rt>かさ</rt></ruby>ねてみるといいね。

② 上のあの<ruby>三角形<rt>さんかくけい</rt></ruby>をうら<ruby>返<rt>かえ</rt></ruby>すと<ruby>重<rt>かさ</rt></ruby>なる<ruby>三角形<rt>さんかくけい</rt></ruby>はどれですか。

2つの<ruby>図形<rt>ずけい</rt></ruby>がぴったり<ruby>重<rt>かさ</rt></ruby>なるとき，これらの<ruby>図形<rt>ずけい</rt></ruby>は<ruby>合同<rt>ごうどう</rt></ruby>であるといいます。

合同な図形 (2)

2つの合同な図形で，重なり合う頂点，辺，角を
それぞれ対応する頂点，対応する辺，対応する角といいます。

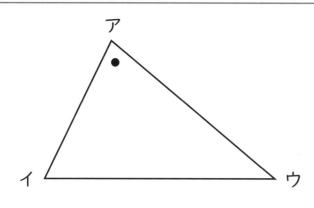

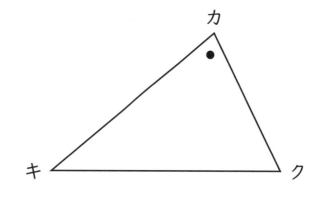

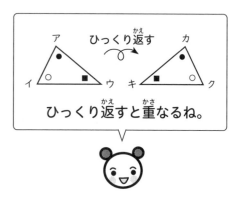

ひっくり返すと重なるね。

● 上の2つの三角形は合同です。
対応する頂点，辺，角をそれぞれ書きましょう。

① 対応する頂点　　頂点ア　と　頂点　[カ]

頂点イ　と　頂点　[　]

頂点ウ　と　頂点　[　]

② 対応する辺　　辺アイ　と　辺　[カク]

辺イウ　と　辺　[　]

辺ウア　と　辺　[　]

③ 対応する角　　角　ア　と　角　[　]

角　イ　と　角　[　]

角　ウ　と　角　[　]

60

合同な図形 (3)

● 下の2つの四角形は合同です。

　対応する頂点，辺，角をそれぞれ書きましょう。

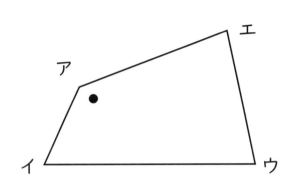

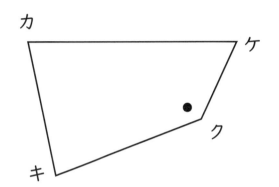

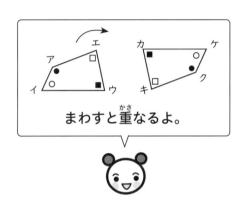

まわすと重なるよ。

① 対応する頂点

　頂点ア　と　頂点 　ク

　頂点イ　と　頂点 　□

　頂点カ　と　頂点 　□

　頂点キ　と　頂点 　□

② 対応する辺

　辺カキ　と　辺 　□

　辺イウ　と　辺 　□

③ 対応する角

　角 ケ と 角 　□

　角 エ と 角 　□

61

合同な図形 (4)

		名 前
月	日	

● 下の 2 つの四角形は合同です。
辺の長さや角の大きさについて調べましょう。

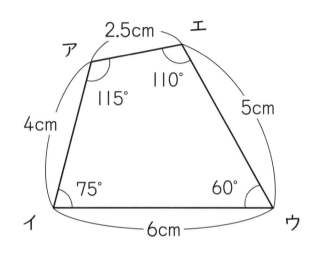

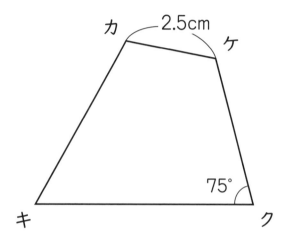

合同な図形では,対応する辺の長さは等しく,対応する角の大きさも等しくなっています。

① 次の辺の長さは何 cm ですか。

辺カキ □ cm

辺クケ □ cm

② 次の角の大きさは何度ですか。

角キ □ °

角ケ □ °

頂点カに対応する頂点は 頂点 □

頂点キに対応する頂点は 頂点 □

62

合同な図形 (5)

		名 前
月	日	

● 次の四角形に 1 本の対角線をひいて 2 つの三角形に分けましょう。

でき た 2 つの三角形は合同かどうか調べましょう。

⑦ 台形

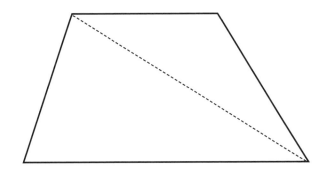

(合同である ・ 合同でない)

どちらかに〇をしよう

⑦ 平行四辺形

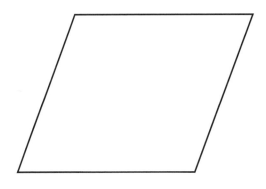

(合同である ・ 合同でない)

⑨ ひし形

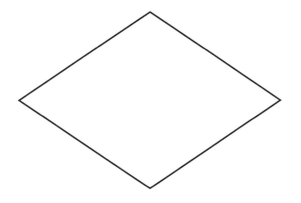

(合同である ・ 合同でない)

 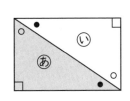 長方形からできる 2 つの三角形あといは
合同といえるね。

● 下の三角形アイウと合同な三角形をかきましょう。

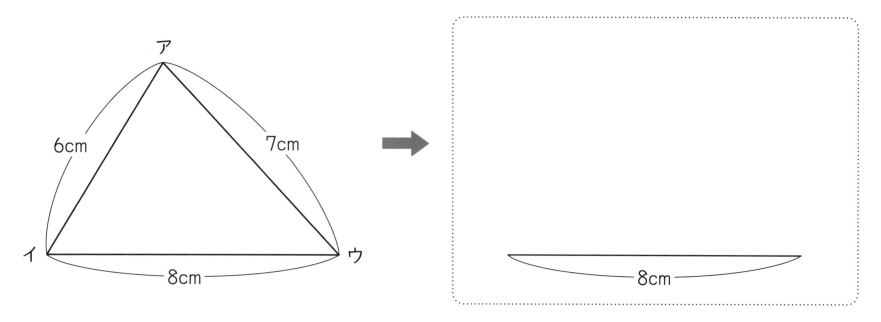

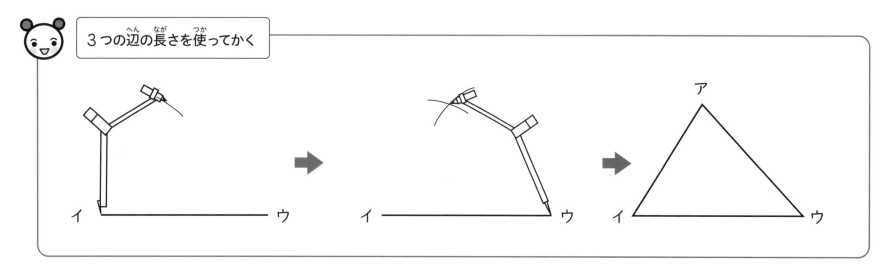

3つの辺の長さを使ってかく

		名 前
月	日	

● 下の三角形アイウと合同な三角形をかきましょう。

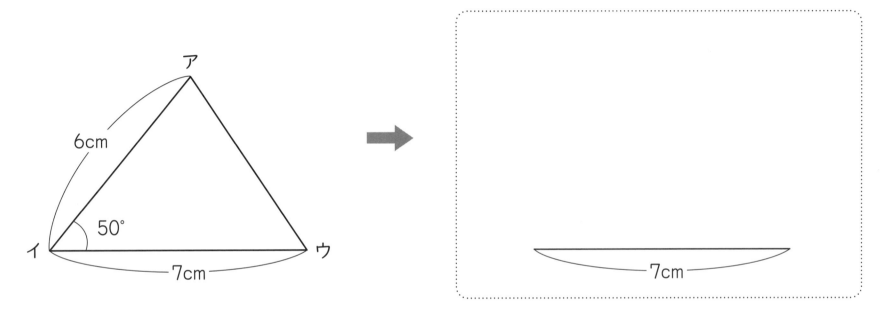

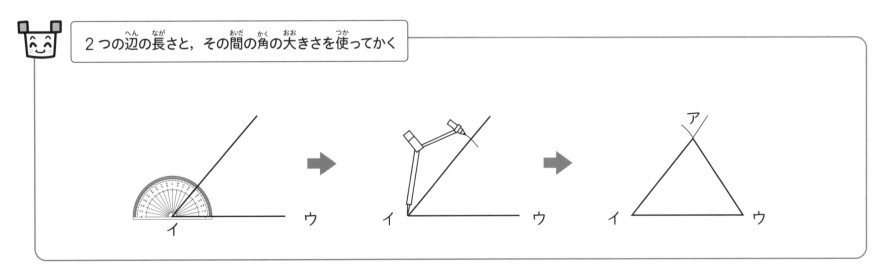

2つの辺の長さと，その間の角の大きさを使ってかく

● 下の三角形アイウと合同な三角形をかきましょう。

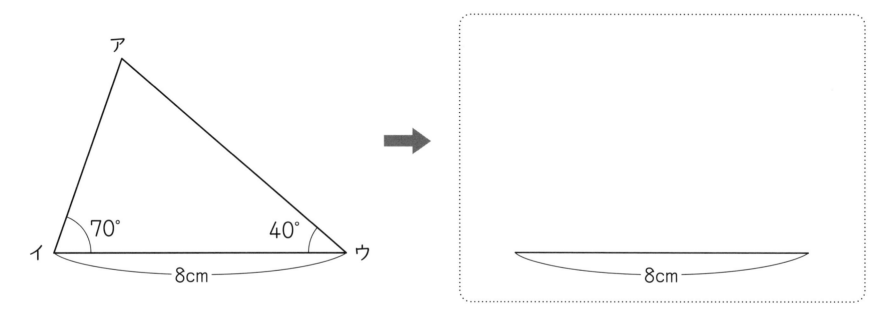

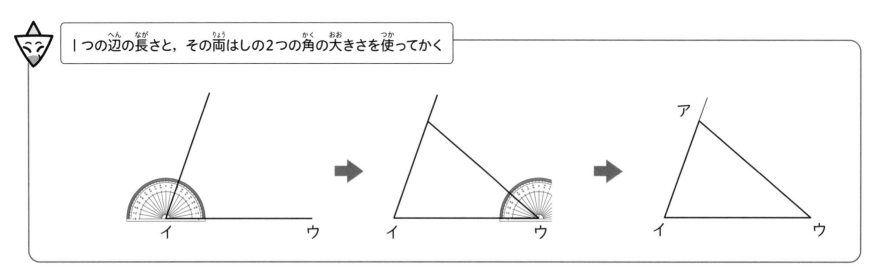

１つの辺の長さと，その両はしの２つの角の大きさを使ってかく

● 下の平行四辺形アイウエと合同な平行四辺形をかきましょう。

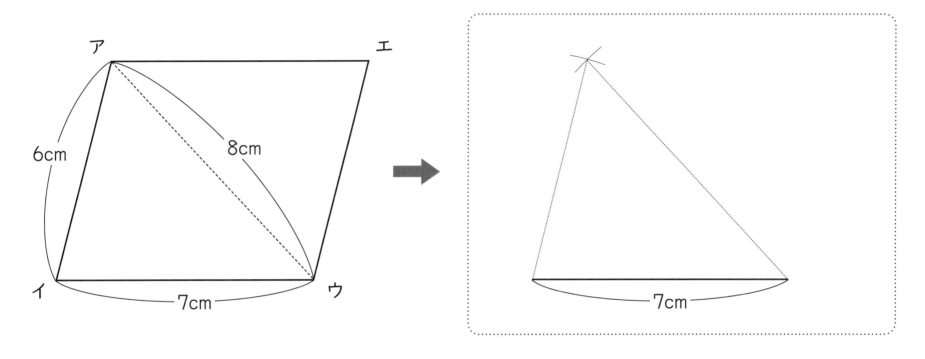

平行四辺形だから

辺アエは 7 cm

辺エウは 6 cm だね。

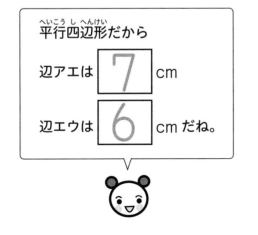

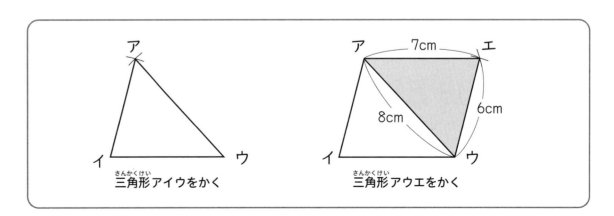

三角形アイウをかく

三角形アウエをかく

図形の角 (1)

		名前
月	日	

● あ，い，う の角度は何度ですか。計算で求めましょう。

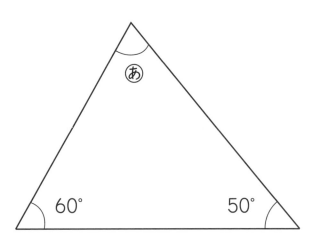

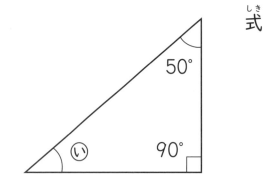

式

答え °

三角形の3つの角の大きさの和は180°です。

式

$$180 - (60 + 50) = $$

答え °

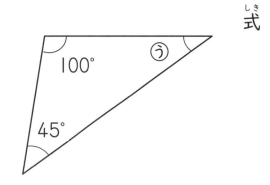

式

答え °

図形の角 (2)

● あ, いの角度は何度ですか。計算で求めましょう。

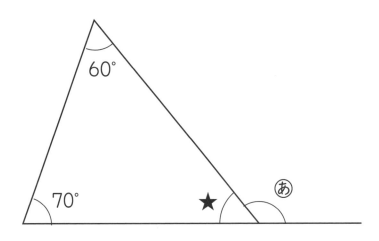

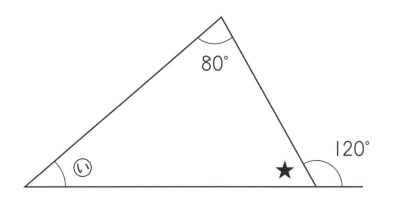

① ★の角度を求める

$$180 - (60 + 70) = \boxed{}$$

② あの角度を求める

$$180 - \boxed{} = \boxed{}$$

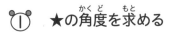
直線は180°　★の角度

あ $\boxed{}$ °

① ★の角度を求める

$$180 - \boxed{} = \boxed{}$$

直線は180°

② いの角度を求める

$$180 - \left(\boxed{80} + \boxed{} \right) = \boxed{}$$

★の角度

い $\boxed{}$ °

69

図形の角（3）

● □にあてはまる数を書きましょう。

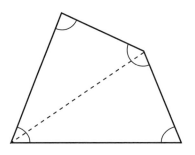

四角形を対角線で2つに分けると、

三角形が2つできます。三角形の

3つの角の大きさの和は180°なので、

四角形の4つの角の大きさの和は

$$\boxed{}° \times 2 = \boxed{}°$$

四角形の4つの角の大きさの和は360°です。

● あ、いの角度は何度ですか。計算で求めましょう。

式

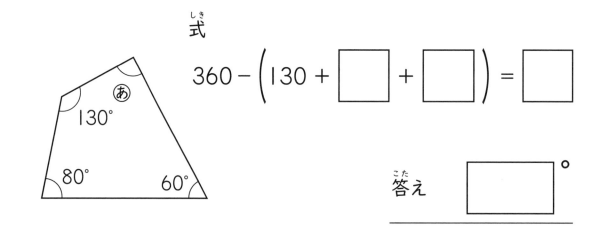

$$360 - \left(130 + \boxed{} + \boxed{}\right) = \boxed{}$$

答え $\boxed{}°$

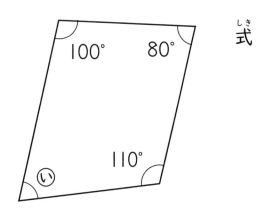

式

答え $\boxed{}°$

		名 前
月	日	

● ⓐ, ⓘ の角度は何度ですか。計算で求めましょう。

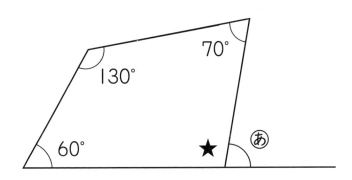

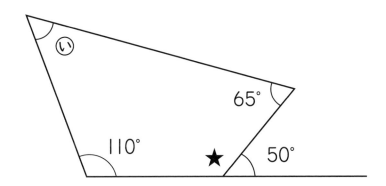

ⓘ **★の角度を求める**

$$360 - \left(70 + \boxed{} + \boxed{}\right) = \boxed{}$$

ⓘ **★の角度を求める**

$$180 - \boxed{} = \boxed{}$$

ⓘ **ⓐの角度を求める**

$$180 - \boxed{} = \boxed{}$$

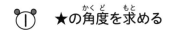

ⓘ **ⓘの角度を求める**

$$360 - \left(\boxed{} + \boxed{} + \boxed{}\right) = \boxed{}$$

ⓐ $\boxed{}°$

ⓘ

図形の角 (5)

● 五角形の5つの角の大きさの和について調べましょう。

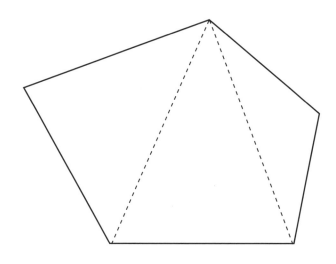

① 左の図のように，1つの頂点から対角線をひくと，三角形がいくつできますか。

② 三角形の3つの角の大きさの和を使って，五角形の5つの角の大きさの和を求めましょう。

三角形の3つの角の大きさの和は ◻°

三角形の角の大きさの和		三角形の数		
◻	×	◻	=	◻

五角形の5つの角の大きさの和は ◻°

上の図のように
5本の直線で囲まれた図形を
五角形といいます。

72

図形の角 (6)

● 六角形の6つの角の大きさの和を求めましょう。

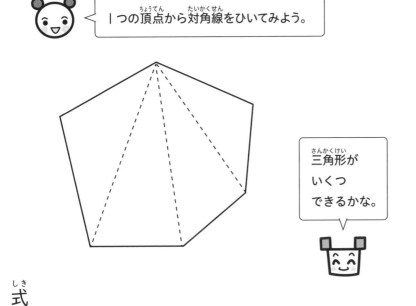

1つの頂点から対角線をひいてみよう。

三角形がいくつできるかな。

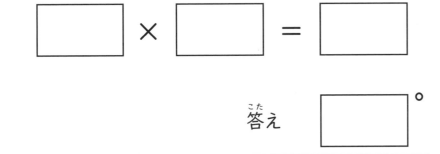

式

三角形の角の大きさの和 × 三角形の数 =

答え □°

● 七角形の7つの角の大きさの和を求めましょう。

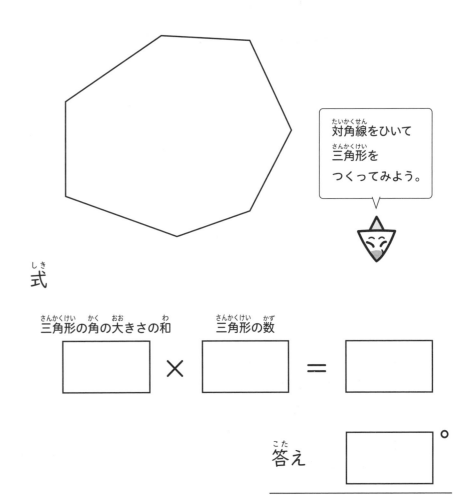

対角線をひいて三角形をつくってみよう。

式

三角形の角の大きさの和 × 三角形の数 =

答え □°

図形の角 (7)

		名 前
	月	日

● 多角形の角の大きさの和について表にまとめましょう。

三角形，四角形，五角形などのように，
直線で囲まれた形を**多角形**といいます。

	三角形	四角形	五角形	六角形	七角形
三角形の数	1	2			
角の大きさを求める式		180×2			
角の大きさの和	180°				

74

		名 前
月	日	

● 次の㋐と㋑の数を 2 でわってみましょう。

㋐

0 … 0 ÷ 2 ＝ 0

2 … 2 ÷ 2 ＝ ☐

4 … 4 ÷ 2 ＝ ☐

6 … 6 ÷ 2 ＝ ☐

8 … 8 ÷ 2 ＝ ☐

10 … 10 ÷ 2 ＝ ☐

2 でわり切れる

↓

ぐう すう
偶 数

㋑

1 … 1 ÷ 2 ＝ 0 あまり 2

3 … 3 ÷ 2 ＝ 1 あまり 1

5 … 5 ÷ 2 ＝ ☐

7 … 7 ÷ 2 ＝ ☐

9 … 9 ÷ 2 ＝ ☐

11 … 11 ÷ 2 ＝ ☐

2 でわり切れない

↓

き すう
奇 数

せいすう
整数は，
ぐうすう き すう
偶数と奇数に
わ
分けることが
できるよ。

75

● 下の数直線で，偶数を〇で囲みましょう。

①
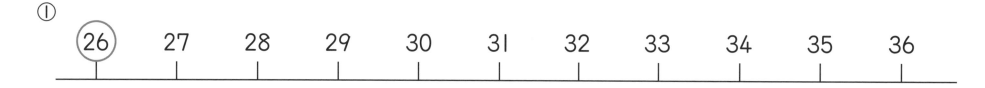

26　27　28　29　30　31　32　33　34　35　36

②
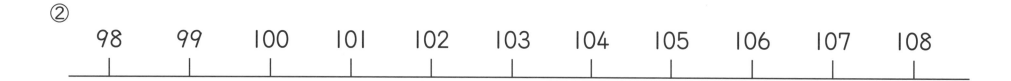

98　99　100　101　102　103　104　105　106　107　108

■ 奇数を通ってゴールまで行きましょう。通った数を□に書きましょう。

① □　　③ □

② □　　④ □

		名前	
月	日		

● 1ふくろ3こ入りのりんごが売られています。

① 4ふくろ買ったとき，りんごの数は何こですか。

式

$3 \times \boxed{} = \boxed{}$

答え $\boxed{}$ こ

② 7ふくろ買ったとき，りんごの数は何こですか。

式

$3 \times \boxed{} = \boxed{}$

答え $\boxed{}$ こ

③ ふくろの数とりんごの数の関係を表にまとめましょう。

ふくろの数（ふくろ）	1	2	3	4	5	6	7	8
りんごの数（こ）	3	6	9					

りんごの数は 3×□ で求められるね。3ずつ増えていくよ。

3に整数をかけてできる数を，3の倍数といいます。0は，倍数には入れません。

● 下の数直線で，2，3，4の倍数をそれぞれ○で囲みましょう。

① 2の倍数

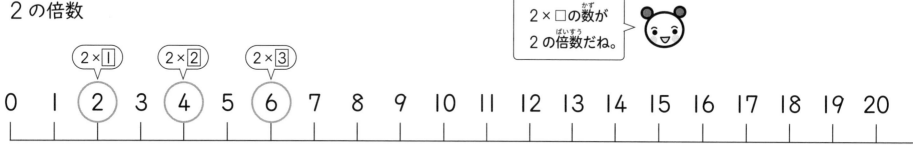

② 3の倍数

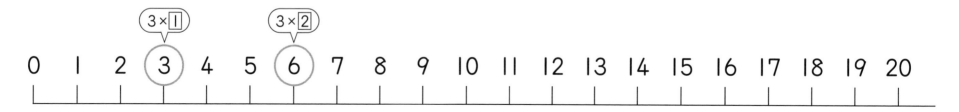

③ 4の倍数

0　1　2　3　4　5　6　7　8　9　10　11　12　13　14　15　16　17　18　19　20

偶数と奇数・倍数と約数 (5)　倍数

		名　前
月	日	

● 5，6，7 の倍数をそれぞれ小さい方から順に 5 つ書きましょう。

① 5

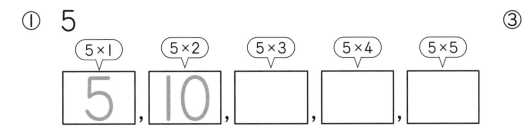

$5×1$: 5 , $5×2$: 10 , $5×3$: □ , $5×4$: □ , $5×5$: □

② 6

6 , □ , □ , □ , □

③ 7

7 , □ , □ , □ , □

■ 8 の倍数を通ってゴールまで行きましょう。通った数を□に書きましょう。

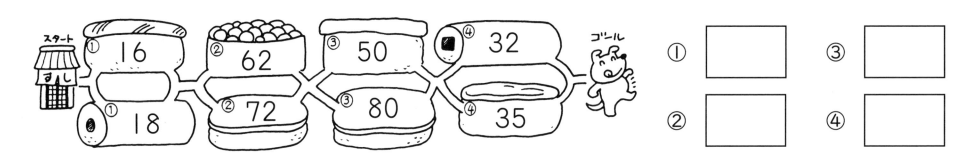

スタート
① 16
① 18
② 62
② 72
③ 50
③ 80
④ 32
④ 35
ゴール

① □　③ □
② □　④ □

79

● 3と4の倍数について調べましょう。

① 下の数直線で，3と4の倍数をそれぞれ
〇で囲みましょう。

② 下の数直線で，3の倍数にも4の倍数にも
なっている数を赤丸で囲みましょう。

> 3の倍数にも4の倍数にもなっている数を，
> 3と4の**公倍数**といいます。公倍数のうち，
> いちばん小さい数を**最小公倍数**といいます。

③ 3と4の公倍数を小さい方から
2つ書きましょう。

④ 3と4の最小公倍数を書きましょう。

3の倍数

0 1 2 ③ 4 5 ⑥ 7 8 ⑨ 10 11 ⑫ 13 14 ⑮ 16 17 ⑱ 19 20 ㉑ 22 23 ㉔ 25

4の倍数

0 1 2 3 ④ 5 6 7 ⑧ 9 10 11 ⑫ 13 14 15 ⑯ 17 18 19 ⑳ 21 22 23 ㉔ 25

名　前

月　　日

● 2と3の公倍数と最小公倍数を見つけましょう。

① 数直線で, 2と3の倍数をそれぞれ○で囲みましょう。

2の倍数
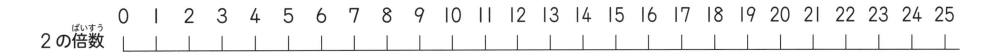

3の倍数
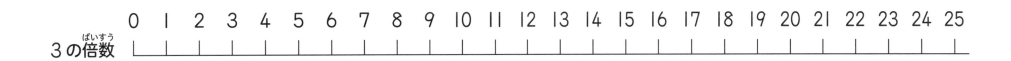

② 1から25までの整数で, 2と3の公倍数を書きましょう。

③ 2と3の最小公倍数を書きましょう。

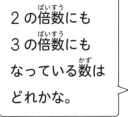

2の倍数にも
3の倍数にも
なっている数は
どれかな。

● 3と9の公倍数と最小公倍数を見つけましょう。

① 数直線で，3と9の倍数をそれぞれ〇で囲みましょう。

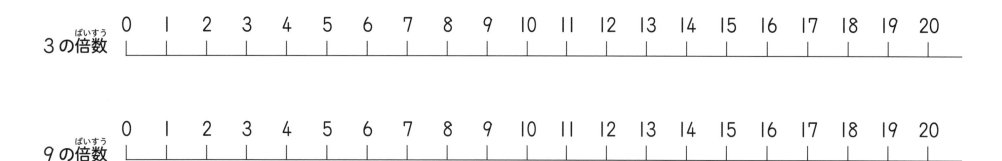

3の倍数　0　1　2　3　4　5　6　7　8　9　10　11　12　13　14　15　16　17　18　19　20

9の倍数　0　1　2　3　4　5　6　7　8　9　10　11　12　13　14　15　16　17　18　19　20

② 1から20までの整数で，3と9の公倍数を書きましょう。

，

③ 3と9の最小公倍数を書きましょう。

偶数と奇数・倍数と約数 (9)　約数

		名 前
月	日	

● 8本のえん筆を同じ数ずつ子どもに分けます。

① 子どもの数が1人，2人，… のときの
1人分の数を調べましょう。

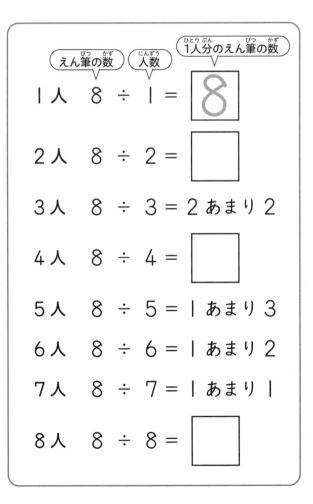

えん筆の数　人数　1人分のえん筆の数

1人　8 ÷ 1 = 8

2人　8 ÷ 2 = ☐

3人　8 ÷ 3 = 2 あまり 2

4人　8 ÷ 4 = ☐

5人　8 ÷ 5 = 1 あまり 3

6人　8 ÷ 6 = 1 あまり 2

7人　8 ÷ 7 = 1 あまり 1

8人　8 ÷ 8 = ☐

左の式を見て，表にまとめてみよう。

子どもの数（人）	1	2	3	4	5	6	7	8
あまりなし…○ あまりあり…×	○							
1人分の えん筆の数(本)	8							

② えん筆のあまりが出ないように分けられたのは，
子どもが何人のときですか。

☐ 1 人, ☐ 人, ☐ 人, ☐ 人

8をわり切ることのできる整数を，8の約数といいます。1ともとの整数も約数に入れます。

83

● 下の数直線で，9，12，15 の約数をそれぞれ○で囲みましょう。

① 9 の約数

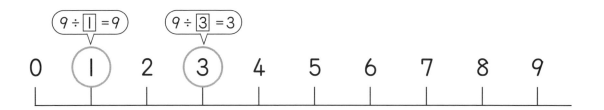

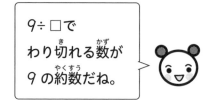

9÷□で わり切れる数が 9 の約数だね。

② 12 の約数

③ 15 の約数

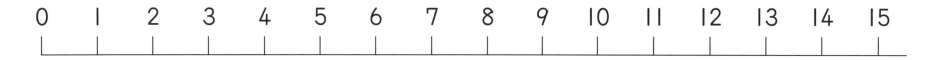

名前　月　日

● 約数をすべて書きましょう。

① 18 の約数

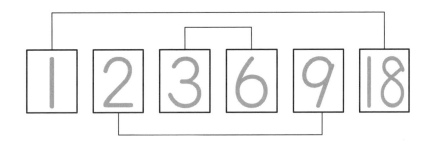

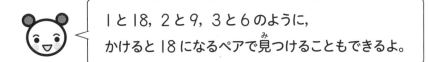　1と18, 2と9, 3と6のように、
かけると18になるペアで見つけることもできるよ。

② 25 の約数

③ 17 の約数

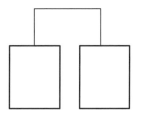

約数が1と
もとの整数しかないものも
あるよ。

④ 36 の約数

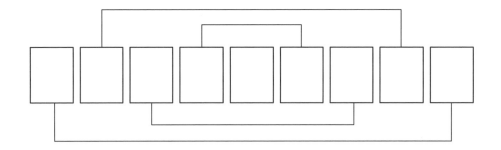

名前

月　日

● 8と12の約数について調べましょう。

① 下の数直線で，8と12の約数をそれぞれ
〇で囲みましょう。

② 下の数直線で，8の約数にも12の約数にも
なっている数を赤丸で囲みましょう。

> 8の約数にも12の約数にもなっている数を，
> 8と12の公約数といいます。公約数のうち，
> いちばん大きい数を最大公約数といいます。

③ 8と12の公約数を書きましょう。

 ， ，

④ 8と12の最大公約数を書きましょう。

8の約数

```
0   1   2   3   4   5   6   7   8
```

12の約数

```
0   1   2   3   4   5   6   7   8   9   10   11   12
```

● 9と18の公約数と最大公約数を見つけましょう。

① 数直線で，9と18の約数をそれぞれ〇で囲みましょう。

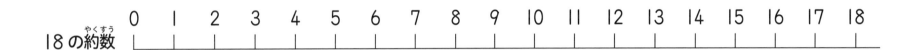

9の約数　0 1 2 3 4 5 6 7 8 9

18の約数　0 1 2 3 4 5 6 7 8 9 10 11 12 13 14 15 16 17 18

② 9と18の公約数を書きましょう。

□ , □ , □

③ 9と18の最大公約数を書きましょう。

9の約数にも18の約数にもなっている数はどれかな。

月	日	名 前

● 15と20の公約数と最大公約数を見つけましょう。

① 15と20の約数を書きましょう。

15の約数
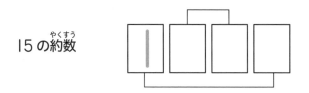

20の約数
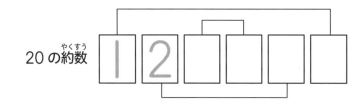

② 15と20の公約数を書きましょう。

☐ , ☐

③ 15と20の最大公約数を書きましょう。

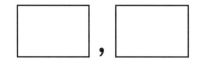

● 24と32の公約数と最大公約数を見つけましょう。

① 24と32の約数を書きましょう。

24の約数
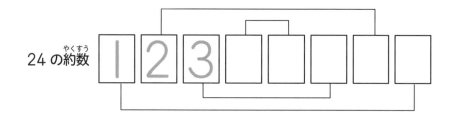

32の約数
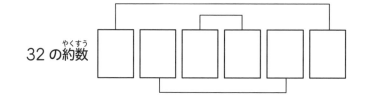

② 24と32の公約数を書きましょう。

☐ , ☐ , ☐ , ☐

③ 24と32の最大公約数を書きましょう。

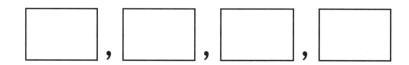

ぐうすう きすう ばいすう やくすう
偶数と奇数・倍数と約数 （15）

さいしょうこうばいすう
最小公倍数と
さいだいこうやくすう
最大公約数

月	日	名 前

● あ のバスは 10 分おきに発車します。

い のバスは 15 分おきに発車します。

午前 9 時にあ，い のバスが同時に発車しました。

次に 2 つのバスが同時に発車するのは，

何時何分ですか。

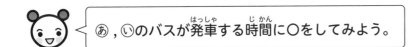
あ，い のバスが発車する時間に○をしてみよう。

あ　🚌　0　5　10　15　20　25　30　35　40 (分)
　　　　9時

い　🚌　0　5　10　15　20　25　30　35　40 (分)
　　　　9時

答え　9 時 [　] 分

● あめが 12 こあります。

チョコレートが 16 こあります。

あまりが出ないようにそれぞれ同じ数ずつ

できるだけ多くの人に配ります。

何人に配ることができますか。

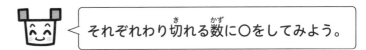
それぞれわり切れる数に○をしてみよう。

あめ　0　1　2　3　4　5　6　7　8　9　10　11　12

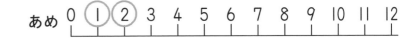

チョコレート　0　1　2　3　4　5　6　7　8　9　10　11　12　13　14　15　16

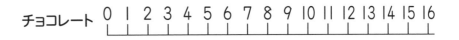

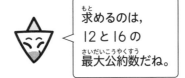
求めるのは，
12と16の
さいだいこうやくすう
最大公約数だね。

答え　[　] 人

四角形と三角形の面積 (1)　平行四辺形

		名 前
月	日	

● 次の平行四辺形で辺ＡＢを底辺としたとき，高さは ㋐ と ㋑ のどちらですか。
正しい方に線をひきましょう。

①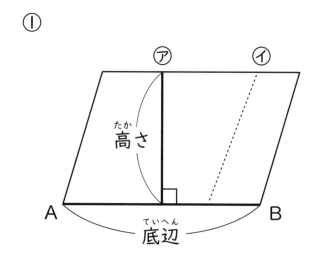

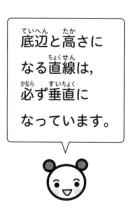
底辺と高さになる直線は，必ず垂直になっています。

③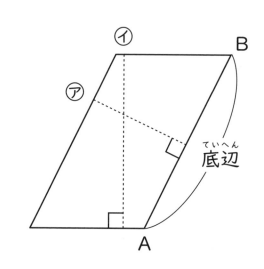

②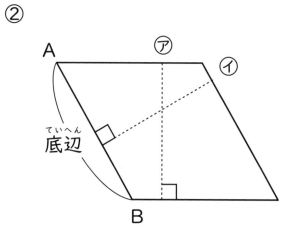

④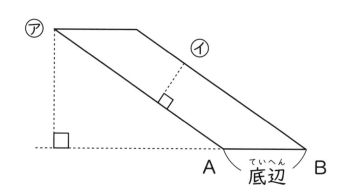

90

● 平行四辺形の面積を求めましょう。

平行四辺形の面積 ＝ 底辺 × 高さ

①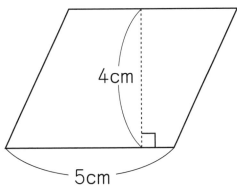

4cm

5cm

式

底辺		高さ	
5	×	4	=	□

答え □ cm²

②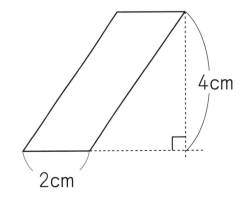

4cm

2cm

式

□ × □ = □

答え □ cm²

③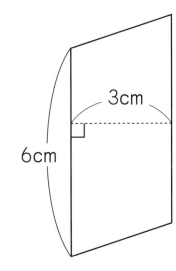

3cm

6cm

式

□ × □ = □

答え □ cm²

		名　前
	月　日	

● 平行四辺形の面積を求めましょう。

底辺と高さは垂直な関係だよ。

①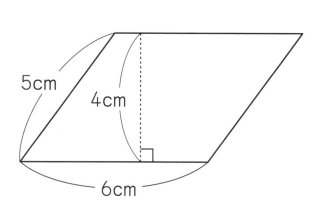

式

底辺 × 高さ = □

答え □ cm²

②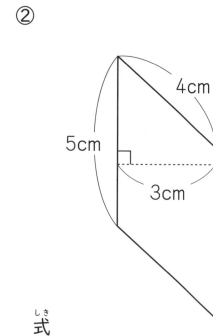

式

□ × □ = □

答え □ cm²

③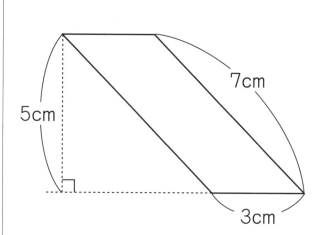

式

□ × □ = □

答え □ cm²

● 下の⑤と⑥の平行四辺形の面積は

等しいですか。正しい方に〇をつけて，その

理由を書きましょう。

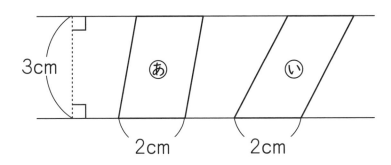

平行四辺形⑤と⑥の面積は

（　等しい　・　等しくない　）

理由

⑤と⑥の底辺の長さと　[　　]　が

[　　]　から。

● 次の⑤～⑤の面積を求めましょう。

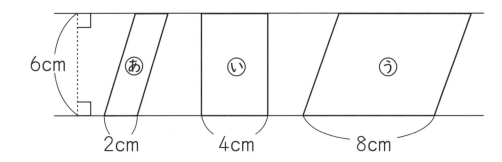

 高さはどれも6cmだね。

⑤　[　　]　×　[　　]　＝　[　　]　[　　]　cm²

⑥　[　　]　×　[　　]　＝　[　　]　[　　]　cm²

⑤　[　　]　×　[　　]　＝　[　　]　[　　]　cm²

		名 前
月	日	

● 次の三角形で辺ＡＢを底辺としたとき，高さは ⑦ と ④ のどちらですか。□に書きましょう。

①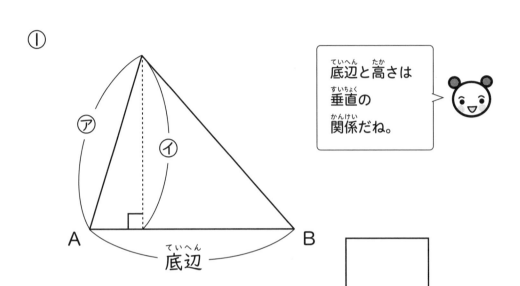

> 底辺と高さは
> 垂直の
> 関係だね。

②

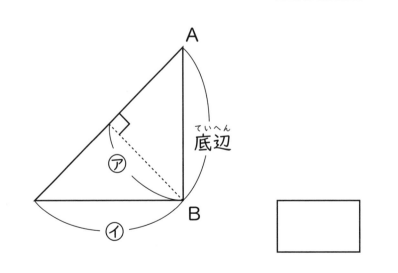

③

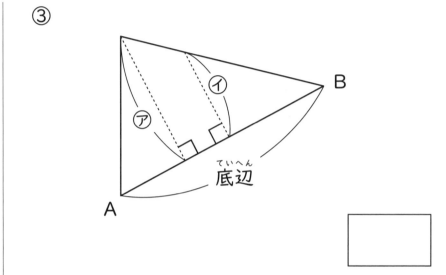

④

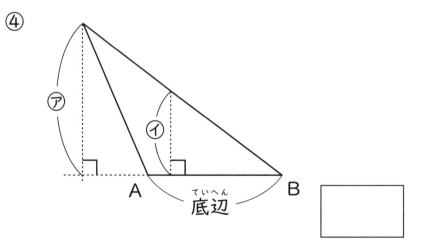

名 前

月　日

● 三角形の面積を求めましょう。

$$三角形の面積 = 底辺 \times 高さ \div 2$$

①

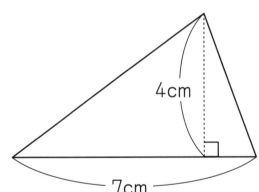

4cm

7cm

式

底辺　高さ

$$7 \times 4 \div 2 = \boxed{}$$

答え $\boxed{}$ cm²

②

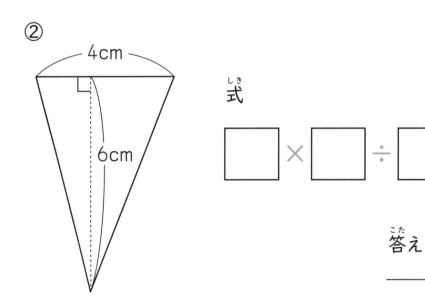

4cm

6cm

式

$$\boxed{} \times \boxed{} \div \boxed{} = \boxed{}$$

答え $\boxed{}$ cm²

③

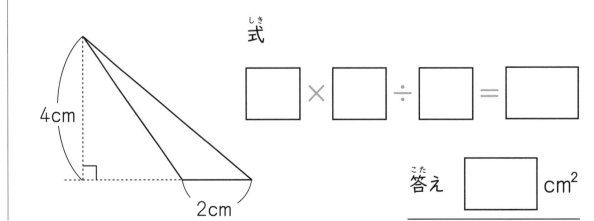

4cm

2cm

式

$$\boxed{} \times \boxed{} \div \boxed{} = \boxed{}$$

答え $\boxed{}$ cm²

		名 前
月	日	

さんかくけい めんせき もと
● 三角形の面積を求めましょう。

①

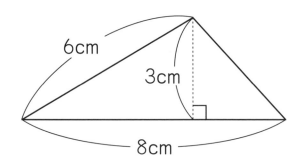

6cm
3cm
8cm

さんかくけい めんせき
三角形の面積＝
ていへん たか
底辺×高さ÷2

しき
式

こた
答え ☐ cm²

②

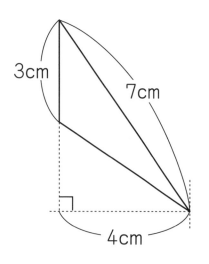

3cm
7cm
4cm

しき
式

こた
答え ☐ cm²

③

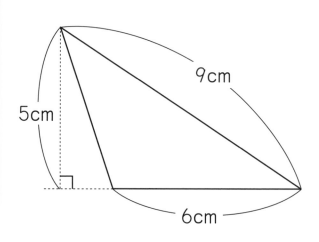

9cm
5cm
6cm

しき
式

こた
答え ☐ cm²

四角形と三角形の面積 （8）　三角形

		名 前
月	日	

● 下の ⓐ，ⓘ，ⓤ の三角形の面積は等しいですか。

正しい方に〇をつけて，その理由を書きましょう。

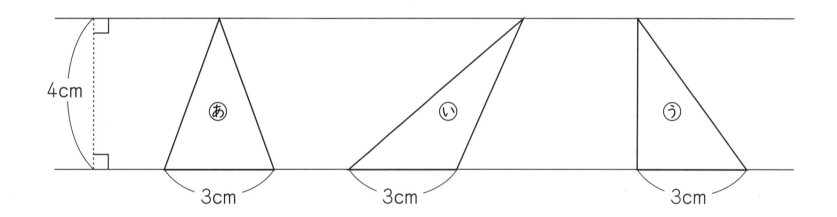

三角形 ⓐ，ⓘ，ⓤ の面積は

（　どれも等しい　・　等しくない　）

3つの三角形の
底辺と高さをくらべてみよう。

理由

三角形 ⓐ，ⓘ，ⓤ はどれも

底辺の長さと ⬚ が ⬚ から。

四角形と三角形の面積 (9) 台形

名前

月　日

● 台形の面積を求めましょう。

$$台形の面積 = (上底 + 下底) \times 高さ \div 2$$

①

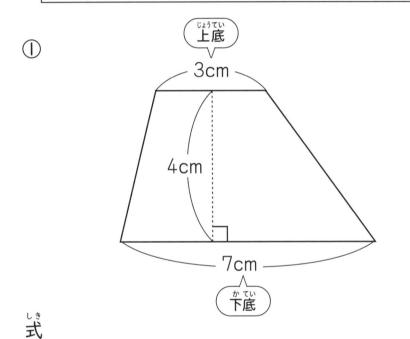

上底
3cm

4cm

7cm
下底

式

$$(\boxed{3} + \boxed{7}) \times \boxed{4} \div 2 = \boxed{}$$

答え $\boxed{}$ cm²

②

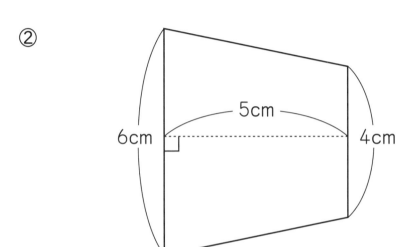

5cm

6cm　　4cm

上底, 下底は台形の平行な2つの辺のことだよ。
まず, 上底と下底に色をぬってみよう。

式

$$(\boxed{} + \boxed{}) \times \boxed{} \div 2 = \boxed{}$$

答え $\boxed{}$ cm²

名 前

月　　日

● だいけい めんせき もと
台形の面積を求めましょう。

①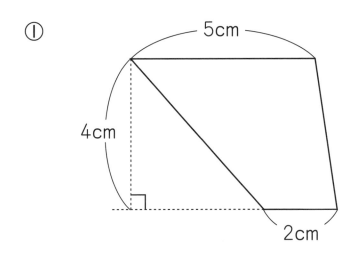

5cm

4cm

2cm

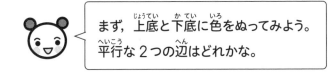
まず，上底と下底に色をぬってみよう。
平行な２つの辺はどれかな。

式

上底　　下底　　高さ

$\left(\boxed{} + \boxed{}\right) \times \boxed{} \div \boxed{} = \boxed{}$

答え $\boxed{}$ cm²

②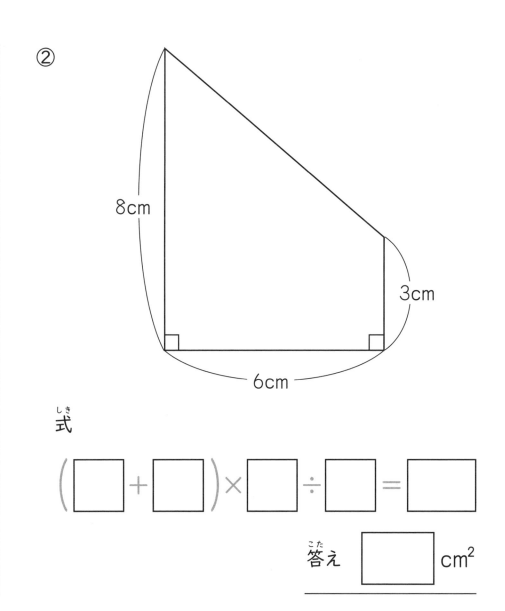

8cm

3cm

6cm

式

$\left(\boxed{} + \boxed{}\right) \times \boxed{} \div \boxed{} = \boxed{}$

答え $\boxed{}$ cm²

四角形と三角形の面積 (11)　ひし形

		名 前
月	日	

● ひし形の面積を求めましょう。

$$ひし形の面積 = 一方の対角線 × 一方の対角線 ÷ 2$$

①

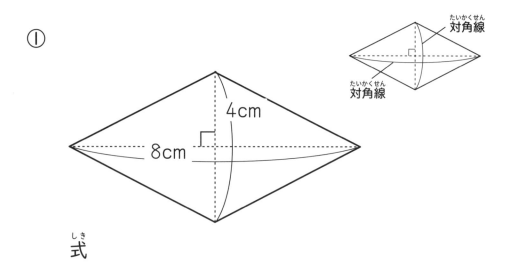

式

一方の対角線		一方の対角線	

□ × □ ÷ 2 = □

答え □ cm²

②

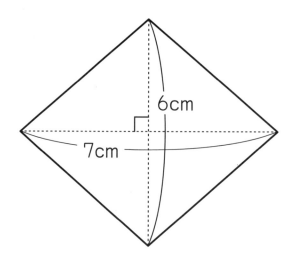

式

□ × □ ÷ □ = □

答え □ cm²

		名　前
月	日	

● 下の四角形の面積をくふうして求めましょう。

2つの三角形 ⓐ と ⓘ に分けて求めることができるね。

底辺×高さ÷2

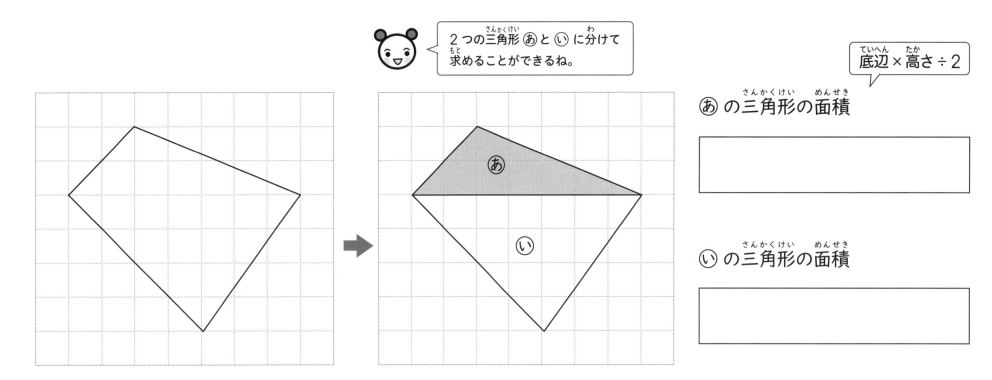

ⓐ の三角形の面積

ⓘ の三角形の面積

四角形の面積は　　ⓐの面積　＋　ⓘの面積　＝　□

答え　□ cm²

P.4

整数と小数 (1)

月　日　名前

● 3.274 という数について□にあてはまる数を書きましょう。

一の位	$\frac{1}{10}$ の位	$\frac{1}{100}$ の位	$\frac{1}{1000}$ の位
1	0.1	0.01	0.001
3	2	7	4

① 7は，$\dfrac{1}{100}$ の位の数字です。

② 7は，0.01 が7こあることを表しています。

③ 3.274 は，1を 3 こ，0.1を 2 こ，0.01を 7 こ，0.001を 4 こあわせた数です。

④ 3.274 = 1 × 3 + 0.1 × 2 + 0.01 × 7 + 0.001 × 4

P.5

整数と小数 (2)

月　日　名前

● 次の①～④の数を書きましょう。

① 1を8こ，0.1を4こ，0.01を3こ，0.001を6こあわせた数

一の位	$\frac{1}{10}$ の位	$\frac{1}{100}$ の位	$\frac{1}{1000}$ の位
1	0.1	0.01	0.001
8	4	3	6

答え 8.436

② 1を7こ，0.1を9こ，0.001を2こあわせた数

一の位	$\frac{1}{10}$ の位	$\frac{1}{100}$ の位	$\frac{1}{1000}$ の位
1	0.1	0.01	0.001
7	9	0	2

答え 7.902

③ 10を1こ，1を5こ，0.1を9こ，0.01を3こ，0.001を7こあわせた数

十の位	一の位	$\frac{1}{10}$ の位	$\frac{1}{100}$ の位	$\frac{1}{1000}$ の位
10	1	0.1	0.01	0.001
1	5	9	3	7

答え 15.937

④ 10を6こ，0.1を8こ，0.001を3こあわせた数

十の位	一の位	$\frac{1}{10}$ の位	$\frac{1}{100}$ の位	$\frac{1}{1000}$ の位
10	1	0.1	0.01	0.001
6	0	8	0	3

答え 60.803

P.6

整数と小数 (3)

月　日　名前

● □にあてはまる数を書きましょう。

表に数を入れるとよくわかるね。

① 5.639 = 1 × 5 + 0.1 × 6 + 0.01 × 3 + 0.001 × 9

百	十	一	0.1	0.01	0.001
100	10	1	0.1	0.01	0.001
		5	6	3	9

② 24.805 = 10 × 2 + 1 × 4 + 0.1 × 8 + 0.01 × 0 + 0.001 × 5

百	十	一	0.1	0.01	0.001
100	10	1	0.1	0.01	0.001
	2	4	8	0	5

③ 479.3 = 100 × 4 + 10 × 7 + 1 × 9 + 0.1 × 3

百	十	一	0.1	0.01	0.001
100	10	1	0.1	0.01	0.001
4	7	9	3		

P.7

整数と小数 (4)

月　日　名前

● □にあてはまる不等号を書きましょう。

① 5 > 4.968

一の位	$\frac{1}{10}$ の位	$\frac{1}{100}$ の位	$\frac{1}{1000}$ の位
5			
4	9	6	8

位をそろえてくらべよう。

② 2.87 < 3.1

一の位	$\frac{1}{10}$ の位	$\frac{1}{100}$ の位	$\frac{1}{1000}$ の位
2	8	7	
3	1		

上の位からくらべていくとよかったね。

③ 0.01 < 0.1

一の位	$\frac{1}{10}$ の位	$\frac{1}{100}$ の位	$\frac{1}{1000}$ の位
0	0	1	
0	1		

④ 0 < 0.1

一の位	$\frac{1}{10}$ の位	$\frac{1}{100}$ の位	$\frac{1}{1000}$ の位
0			
0	1		

⑤ 10.2 > 9.75

十の位	一の位	$\frac{1}{10}$ の位	$\frac{1}{100}$ の位	$\frac{1}{1000}$ の位
1	0	2		
	9	7	5	

P.8

整数と小数 (5)

名前　月　日

● 次の①～⑤の数は，0.001を何こ集めた数ですか。
　□にあてはまる数を書きましょう。

0.01は0.001を10こ集めた数
0.1は0.001を100こ集めた数
1は0.001を1000こ集めた数

① 0.009

9 こ

一の位	$\frac{1}{10}$の位	$\frac{1}{100}$の位	$\frac{1}{1000}$の位
0	. 0	0	9
0	. 0	0	1

② 0.073

73 こ

一の位	$\frac{1}{10}$の位	$\frac{1}{100}$の位	$\frac{1}{1000}$の位
0	. 0	7	3
0	. 0	0	1

③ 0.258

258 こ

一の位	$\frac{1}{10}$の位	$\frac{1}{100}$の位	$\frac{1}{1000}$の位
0	. 2	5	8
0	. 0	0	1

④ 5.164

5164 こ

一の位	$\frac{1}{10}$の位	$\frac{1}{100}$の位	$\frac{1}{1000}$の位
5	. 1	6	4
0	. 0	0	1

⑤ 8.7

8700 こ

一の位	$\frac{1}{10}$の位	$\frac{1}{100}$の位	$\frac{1}{1000}$の位
8	. 7	(0)	(0)
0	. 0	0	1

8

P.9

整数と小数 (6)

名前　月　日

● 下の□に右のカードをあてはめて，いろいろな小数をつくりましょう。

8　3　1

① いちばん大きい数

一の位	$\frac{1}{10}$の位	$\frac{1}{100}$の位
8	. 3	1

② いちばん小さい数

| 1 | . 3 | 8 |

③ 2番めに大きい数

| 8 | . 1 | 3 |

● 下の□に右のカードをあてはめて，いろいろな小数をつくりましょう。

2　7　6　4

① いちばん大きい数

一の位	$\frac{1}{10}$の位	$\frac{1}{100}$の位	$\frac{1}{1000}$の位
7	. 6	4	2

② いちばん小さい数

| 2 | . 4 | 6 | 7 |

9

P.10

整数と小数 (7)

名前　月　日

● 3.46を10倍，100倍，1000倍した数を書きましょう。

	千の位	百の位	十の位	一の位	$\frac{1}{10}$の位	$\frac{1}{100}$の位	$\frac{1}{1000}$の位
				3	. 4	6	
3.46×10			3	4	. 6		
3.46×100		3	4	6	.		
3.46×1000	3	4	6	0	.		

10倍　100倍　1000倍　10倍

10倍すると，位は1けたずつ上がるよ。

■ 次の①，②の数を10倍，100倍，1000倍した数を書きましょう。

① 0.12

	千の位	百の位	十の位	一の位	$\frac{1}{10}$の位	$\frac{1}{100}$の位	$\frac{1}{1000}$の位
					0	. 1	2
10倍				1	. 2		
100倍			1	2	.		
1000倍		1	2	0	.		

② 0.5

	千の位	百の位	十の位	一の位	$\frac{1}{10}$の位	$\frac{1}{100}$の位	$\frac{1}{1000}$の位
				0	. 5		
10倍				5	.		
100倍			5	0	.		
1000倍		5	0	0	.		

10

P.11

整数と小数 (8)

名前　月　日

● 826を$\frac{1}{10}$，$\frac{1}{100}$，$\frac{1}{1000}$にした数を書きましょう。

	千の位	百の位	十の位	一の位	$\frac{1}{10}$の位	$\frac{1}{100}$の位	$\frac{1}{1000}$の位
		8	2	6	.		
826÷10			8	2	. 6		
826÷100				8	. 2	6	
826÷1000				0	. 8	2	6

$\frac{1}{10}$　$\frac{1}{100}$　$\frac{1}{1000}$

$\frac{1}{10}$にすると，位は1けたずつ下がるよ。

■ 次の①，②の数を$\frac{1}{10}$，$\frac{1}{100}$，$\frac{1}{1000}$にした数を書きましょう。

① 40

	千の位	百の位	十の位	一の位	$\frac{1}{10}$の位	$\frac{1}{100}$の位	$\frac{1}{1000}$の位
			4	0	.		
$\frac{1}{10}$				4	.		
$\frac{1}{100}$				0	. 4		
$\frac{1}{1000}$				0	. 0	4	

② 3

	千の位	百の位	十の位	一の位	$\frac{1}{10}$の位	$\frac{1}{100}$の位	$\frac{1}{1000}$の位
				3	.		
$\frac{1}{10}$				0	. 3		
$\frac{1}{100}$				0	. 0	3	
$\frac{1}{1000}$				0	. 0	0	3

11

P.12

整数と小数（9）

名前　月　日

● 次の ⑦～⑦ の数は，それぞれ 2.78 を何倍した数ですか。

⑦ 27.8 　10 倍

⑦ 278 　100 倍

⑦ 2780 　1000 倍

千の位	百の位	十の位	一の位	1/10の位	1/100の位	1/1000の位
			2 .	7	8	
		2	7 .	8		
	2	7	8 .			
2	7	8	0 .			

■ 計算をしましょう。

① 8.34 × 100 ＝ 834

② 16.9 × 1000 ＝ 16900

③ 5.02 × 10 ＝ 50.2

12

P.13

整数と小数（10）

名前　月　日

● 次の ⑦～⑦ の数は，それぞれ 73 を何分の一にした数ですか。

⑦ 7.3 　1/10

⑦ 0.73 　1/100

⑦ 0.073 　1/1000

千の位	百の位	十の位	一の位	1/10の位	1/100の位	1/1000の位
		7	3 .			
			7 .	3		
			0 .	7	3	
			0 .	0	7	3

■ 計算をしましょう。

① 9.2 ÷ 10 ＝ 0.92

② 48.5 ÷ 1000 ＝ 0.0485

③ 1.6 ÷ 100 ＝ 0.016

13

P.14

体 積（1）

名前　月　日

もののかさのことを体積といいます。
1辺が1cmの立方体の体積を，
1立方センチメートルといい，
1cm³ と書きます。

上の⑤は，
1cm³が3こ分で
3cm³だね。

● 下の ⑦，⑦ の体積は何 cm³ ですか。

⑦

1cm³が　4 こ分で

4 cm³

⑦

1cm³が　6 こ分で

6 cm³

■ 練習しましょう。

1cm³ 2cm³ 3cm³ 4cm³ 5cm³

14

P.15

体 積（2）

名前　月　日

● 1cm³ の立方体の積み木でいろいろな形を作りました。
体積は何 cm³ ですか。

1cm³ の何こ分かな。

①

16 cm³

②

5 cm³

③

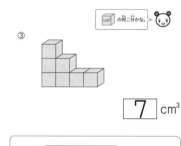

7 cm³

この形の体積は何 cm³ かな。

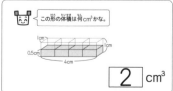

2 cm³

15

104

P.16

体積 (3)

月　日　名前

● あの体積といの体積をあわせると何cm³になりますか。

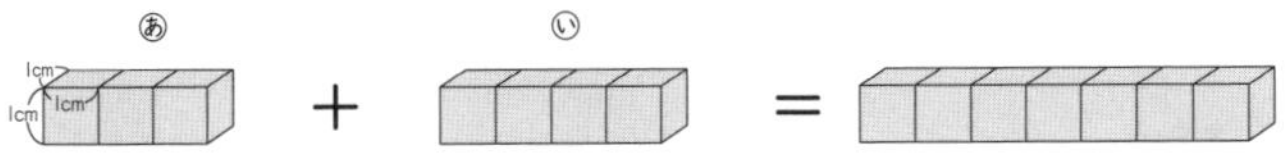

あ
い
1cm
1cm
1cm

[3] cm³ ＋ [4] cm³ ＝ [7] cm³

体積も
たし算ひき算
できるね。

● かの体積からきの体積をひくと何cm³になりますか。

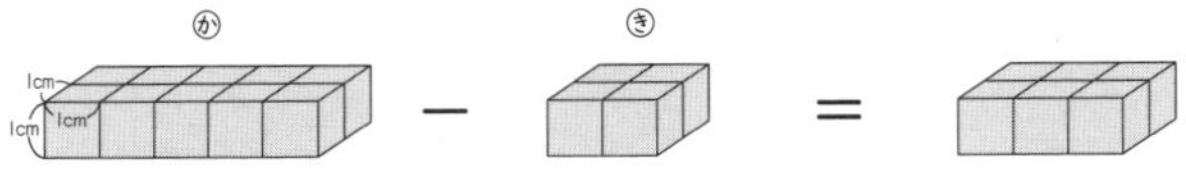

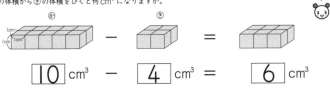

か
き
1cm
1cm
1cm

[10] cm³ − [4] cm³ ＝ [6] cm³

P.17

体積 (4)

月　日　名前

● 次の直方体や立方体の体積を求めましょう。

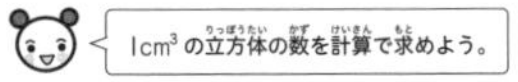

1cm³ の立方体の数を計算で求めよう。

①

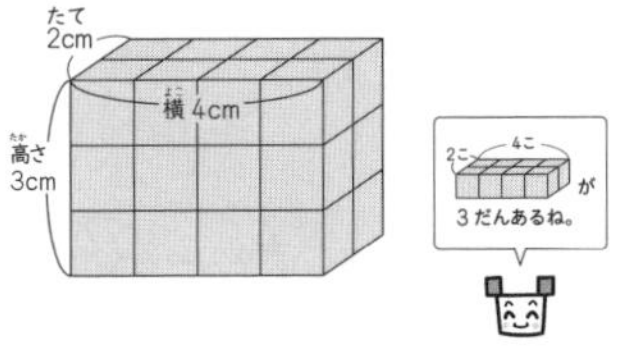

たて
2cm
横 4cm
高さ
3cm
4こ
2こ
が
3だんあるね。

式

たての数 × 横の数 × だんの数 ＝ 全部の数

[2] × [4] × [3] ＝ [24]

たての長さ　横の長さ　高さ　体積

答え [24] cm³

②

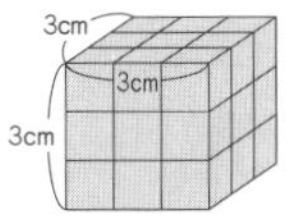

3cm
3cm
3cm

式

[3] × [3] × [3] ＝ [27]

答え [27] cm³

③

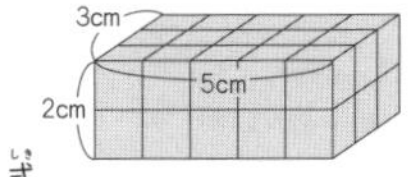

3cm
5cm
2cm

式

[3] × [5] × [2] ＝ [30]

答え [30] cm³

P.18

体積 (5)

月　日　名前

直方体の体積 ＝ たて × 横 × 高さ
立方体の体積 ＝ １辺 × １辺 × １辺

● 次の直方体や立方体の体積を求めましょう。

①

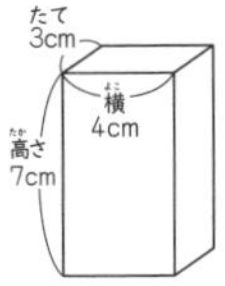

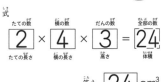

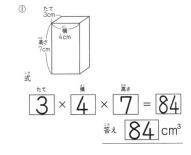

たて
3cm
横
4cm
高さ
7cm

式

たて × 横 × 高さ

[3] × [4] × [7] ＝ [84]

答え [84] cm³

②

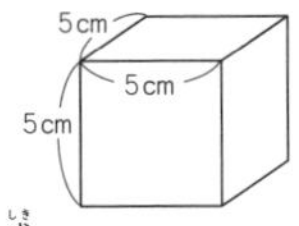

5cm
5cm
5cm

式

[5] × [5] × [5] ＝ [125]

答え [125] cm³

③

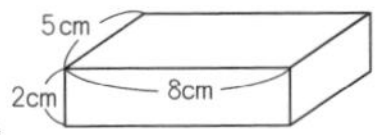

5cm
2cm
8cm

式

[5] × [8] × [2] ＝ [80]

答え [80] cm³

P.19

体積 (6)

月　日　名前

● あの立体の体積を求めましょう。

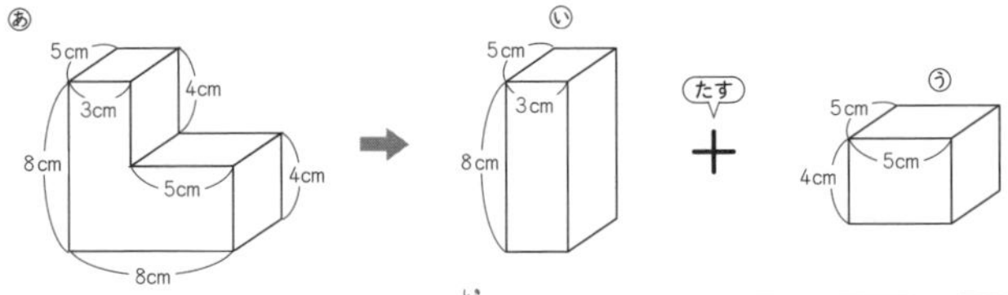

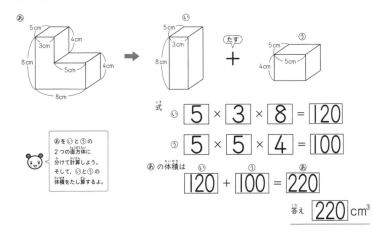

あ
5cm
3cm
4cm
8cm
5cm
4cm
8cm
い
5cm
3cm
8cm
たす
う
5cm
4cm
5cm

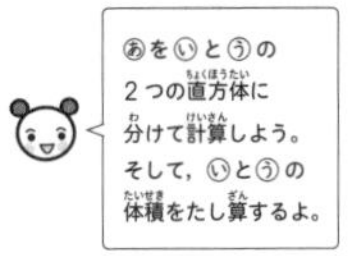

あをいとうの
２つの直方体に
分けて計算しよう。
そして，いとうの
体積をたし算するよ。

式

い [5] × [3] × [8] ＝ [120]

う [5] × [5] × [4] ＝ [100]

あ の体積は　い [120] ＋ う [100] ＝ あ [220]

答え [220] cm³

P.20

体積 (7)

名前　月　日

● ㋐の立体の体積を求めましょう。

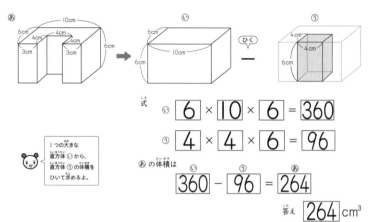

㋑

㋒

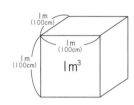
1つの大きな直方体 ㋑ から，直方体 ㋒ の体積をひいて求めるよ。

式

㋑ $6 \times 10 \times 6 = 360$

㋒ $4 \times 4 \times 6 = 96$

㋐の体積は

㋑ 360 － ㋒ 96 = ㋐ 264

答え 264 cm³

P.21

体積 (8)

名前　月　日

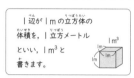
１辺が１mの立方体の体積を，１立方メートルといい，１m³ と書きます。

● 次の直方体の体積を求めましょう。

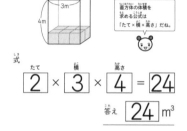

直方体の体積を求める公式は「たて×横×高さ」だね。

式

たて 2 × 横 3 × 高さ 4 = 24

答え 24 m³

■ 次の直方体や立方体の体積を求めましょう。

①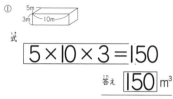

式 $5 \times 10 \times 3 = 150$

答え 150 m³

②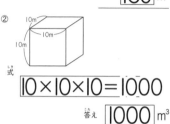

式 $10 \times 10 \times 10 = 1000$

答え 1000 m³

P.22

体積 (9)

名前　月　日

● １m³ は 何 cm³ ですか。

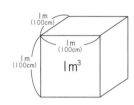

１mは 100 cm だから

$100 \times 100 \times 100 = 1000000$
(cm) (cm) (cm)

１m³ = 1000000 cm³

● 次の直方体の体積を求めましょう。

① 長さの単位を cm にそろえて求めましょう。

式

たて 100 × 横 200 × 高さ 50 = 1000000

答え 1000000 cm³

② 直方体の体積を m³ で表しましょう。

１m³ = 1000000cm³

答え 1 m³

P.23

体積 (10)

名前　月　日

● 厚さ１cmの板で下のような直方体の形をした入れ物を作りました。
この入れ物いっぱいに入る水の体積は何 cm³ ですか。

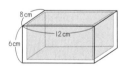

入れ物などの内側のたて，横，深さのことを内のりといいます。
入れ物の内側いっぱいの体積を，その入れ物の容積といいます。

① 入れ物の内側のたて，横，深さはそれぞれ何 cm ですか。

たて　8cm － 板の厚さ 2 cm = 6 cm

横　12cm － 2 cm = 10 cm

深さ　6cm － 1 cm = 5 cm

② この入れ物の容積を求めましょう。

①で求めた内のりで計算しよう。

式

たて 6 × 横 10 × 深さ 5 = 300

答え 300 cm³

P.24

体積 (11)

名前　月　日

● 内のりのたて，横，深さがどれも10cmのいれ物には，ちょうど1Lの水が入ります。

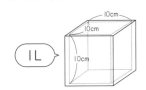

1L

1Lは何cm³ですか。

式

たて	横	深さ	
10	× 10	× 10	= 1000

1L = 1000 cm³

■ 次の表を見て，□にあてはまる数を書きましょう。

1辺の長さ	1cm	10cm	1m (100cm)
立方体の体積	1cm³	1000cm³	1m³
	1mL	1L (1000mL)	1kL (1000L)

① 1000cm³ = 1 L

② 5L = 5000 cm³

③ 3cm³ = 3 mL

④ 1m³ = 1000 L

P.25

体積 (12)

名前　月　日

● 下のような直方体の形をした入れ物の容積を求めましょう。
長さはすべて内のりです。

50cm　60cm　15cm

② 水は何L入りますか。

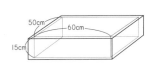
1L = 1000cm³ だね。

答え 45 L

① 容積は何cm³ですか。

式

たて	横	深さ	
50	× 60	× 15	= 45000

答え 45000 cm³

P.26

小数のかけ算 (1)　筆算の仕方 (□.□×□.□)

名前　月　日

● 3.2×2.1を筆算でしましょう。

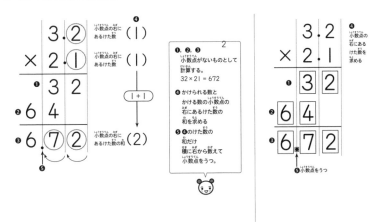

P.27

小数のかけ算 (2)　筆算の仕方 (□.□□×□.□)

名前　月　日

● 2.14×3.2を筆算でしましょう。

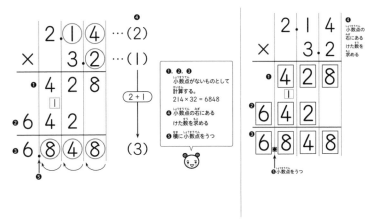

解答

P.28

小数のかけ算（3）

月　日　名前

● 答えに小数点をうちましょう。

①
```
     4.③ ……1
  ×  2.⑦ …+1
  ─────────  2
     3 0 1
   8 6
  ─────────
  1 1.⑥①
```

②
```
     3.1 9
  ×    2.6
  ─────────
   1 9 1 4
   6 3 8
  ─────────
   8.2 9 4
```

③
```
       7.2
  ×  1.3 8
  ─────────
     5 7 6
   2 1 6
   7 2
  ─────────
   9.9 3 6
```

④
```
       8.5
  ×  0.4 3
  ─────────
     2 5 5
   3 4 0
  ─────────
   3.6 5 5
```

⑤
```
       0.6
  ×    1.8
  ─────────
       4 8
     6
  ─────────
   1.0 8
```

答えの小数点の位置にはどんなきまりがあったかな。

28

P.29

小数のかけ算（4）　　□.□×□.□の計算

月　日　名前

● 計算をしましょう。

①
```
       6.④
  ×    3.⑧
  ─────────
    5 1 2
      ③
  1 9 2
  ─────────
  2 4.3 2
```

②
```
       4.5
  ×    7.3
  ─────────
    1 3 5
      ③
  3 1 5
  ─────────
  3 2.8 5
```

③
```
       8.2
  ×    2.6
  ─────────
    4 9 2
      ①
  1 6 4
  ─────────
  2 1.3 2
```

29

P.30

小数のかけ算（5）　　□.□□×□.□の計算

月　日　名前

● 筆算でしましょう。

① 4.32×1.8

```
     4.3 2
  ×    1.8
  ─────────
       ② ①
   3 4 5 6
   4 3 2
  ─────────
   7.7 7 6
```

② 6.17×4.5

```
     6.1 7
  ×    4.5
  ─────────
        ③
   3 0 8 5
        ②
   2 4 6 8
  ─────────
   2 7.7 6 5
```

③ 5.53×2.4

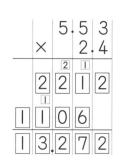
```
     5.5 3
  ×    2.4
  ─────────
       ② ①
   2 2 1 2
       ①
   1 1 0 6
  ─────────
   1 3.2 7 2
```

30

P.31

小数のかけ算（6）　　積の0を消す計算

月　日　名前

● 計算をしましょう。

①
```
     2.⑧
  ×  3.⑤
  ─────────
      ④
   1 4 0
    ②
   8 4
  ─────────
   9.8 0̸
```

小数点があるとき，右はしの0は＼で消しておくよ。

②
```
     6.5
  ×  4.2
  ─────────
      ①
   1 3 0
    ②
   2 6 0
  ─────────
   2 7.3 0̸
```

③
```
     2.8 6
  ×    7.5
  ─────────
       ④ ③
   1 4 3 0
       ⑥ ④
   2 0 0 2
  ─────────
   2 1.4 5 0̸
```

31

108

P.32

小数のかけ算（7）　0.□，0.□□×□.□の計算

名前　月　日

● 計算をしましょう。

①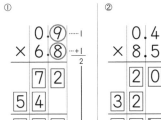

$$
\begin{array}{r}
0.9 \cdots 1\\
\times\ 6.8 \cdots +1\ \frac{}{2}\\
\hline
7\ 2\\
5\ 4\\
\hline
6.1\ 2
\end{array}
$$

②
$$
\begin{array}{r}
0.4\\
\times\ 8.5\\
\hline
2\ 0\\
3\ 2\\
\hline
3.4\ 0
\end{array}
$$

③
$$
\begin{array}{r}
0.7\ 3\\
\times\quad 4.7\\
\hline
5\ 1\ 1\\
2\ 9\ 2\\
\hline
3.4\ 3\ 1
\end{array}
$$

④
$$
\begin{array}{r}
0.2\ 6\\
\times\quad 5.5\\
\hline
1\ 3\ 0\\
1\ 3\ 0\\
\hline
1.4\ 3\ 0
\end{array}
$$

 かけられる数が0.□や0.□□でも計算の仕方は同じだね。

P.33

小数のかけ算（8）　□.□，□.□□×0.□の計算

名前　月　日

● 計算をしましょう。

①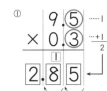
$$
\begin{array}{r}
9.5 \cdots 1\\
\times\ 0.3 \cdots +1\ \frac{}{2}\\
\hline
2.8\ 5
\end{array}
$$

②
$$
\begin{array}{r}
6.2\\
\times\ 0.8\\
\hline
4.9\ 6
\end{array}
$$

③
$$
\begin{array}{r}
5.4\\
\times\ 0.5\\
\hline
2.7\ 0
\end{array}
$$

④
$$
\begin{array}{r}
3.6\ 2\\
\times\quad 0.9\\
\hline
3.2\ 5\ 8
\end{array}
$$

⑤
$$
\begin{array}{r}
4.1\ 5\\
\times\quad 0.6\\
\hline
2.4\ 9\ 0
\end{array}
$$

小数点があるとき，答えの0には気をつけよう。

P.34

小数のかけ算（9）　積に0をつけたす計算

名前　月　日

● 計算をしましょう。

①
$$
\begin{array}{r}
3.2\\
\times\ 0.3\\
\hline
0.9\ 6
\end{array}
$$

 （3.2×0.3＝□.96）小数点の前に0をつけよう。

②
$$
\begin{array}{r}
0.6\\
\times\ 0.7\\
\hline
0.4\ 2
\end{array}
$$

③
$$
\begin{array}{r}
0.0\ 8\\
\times\ 0.4\\
\hline
0.0\ 3\ 2
\end{array}
$$

④
$$
\begin{array}{r}
1.0\ 5\\
\times\quad 0.9\\
\hline
0.9\ 4\ 5
\end{array}
$$

⑤
$$
\begin{array}{r}
2.1\ 4\\
\times\quad 0.3\\
\hline
0.6\ 4\ 2
\end{array}
$$

0をつけたすのをわすれないでね。

P.35

小数のかけ算（10）　積に0をつけたす計算

名前　月　日

● 計算をしましょう。

①
$$
\begin{array}{r}
0.8\\
\times\ 0.5\ 6\\
\hline
4\ 8\\
4\ 0\\
\hline
0.4\ 4\ 8
\end{array}
$$

②
$$
\begin{array}{r}
0.0\ 7\\
\times\ 0.0\ 9\\
\hline
0.0\ 0\ 6\ 3
\end{array}
$$

③
$$
\begin{array}{r}
0.0\ 6\\
\times\ 0.4\ 3\\
\hline
1\ 8\\
2\ 4\\
\hline
0.0\ 2\ 5\ 8
\end{array}
$$

④
$$
\begin{array}{r}
0.2\\
\times\ 0.8\ 4\\
\hline
8\\
1\ 6\\
\hline
0.1\ 6\ 8
\end{array}
$$

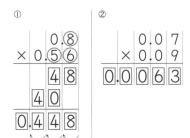 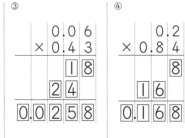 答えの小数点の位置はどこになるかな。0をつけたすのもわすれないでね。

解答 児童に実施させる前に，必ず指導される方が問題を解いてください。本書の解答は，あくまでも１つの例です。指導される方の作られた解答をもとに，本書の解答例を参考に児童の多様な考えに寄り添って○つけをお願いします。

P.36

小数のかけ算（11）　積に0をつけたして0を消す計算

月　日　名前

● 計算をしましょう。

①
```
    0.8
  × 0.5
  ─────
  0.40
```

小数点の前に 0 をつけたすよ。0.40 は 0.40 になるね。

②
```
    0.5
  × 0.2
  ─────
  0.10
```

③
```
    0.96
  × 0.5
  ─────
  0.480
```

④
```
    1.25
  × 0.6
  ─────
  0.750
```

⑤
```
    1.54
  × 0.5
  ─────
  0.770
```
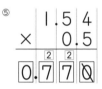
0をつけたして，0をとる。どちらもわすれないでね。

36

P.37

小数のかけ算（12）

月　日　名前

● 計算をしましょう。

①
```
    6.8
  × 0.14
  ─────
    272
    68
  ─────
  0.952
```

②
```
    4.2
  × 0.05
  ─────
  0.210
```

③
```
    1.06
  × 0.72
  ─────
   212
   742
  ─────
  0.7632
```

④
```
    3.15
  × 0.04
  ─────
  0.1260
```

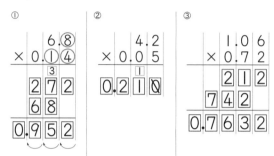

0をつけたり，0を消したりするのをわすれないでね。

37

P.38

小数のかけ算（13）　整数×小数

月　日　名前

● 計算をしましょう。

①
```
    24
  × 0.6
  ────
  14.4
```

②
```
    15
  × 0.8
  ────
  12.0
```

③
```
    36
  × 0.07
  ────
  2.52
```

④
```
    43
  × 6.2
  ────
    86
   258
  ────
  266.6
```

⑤
```
    70
  × 0.13
  ────
   210
   70
  ────
  9.10
```

38

P.39

小数のかけ算（14）

月　日　名前

● たて5.4m，横6.5mの長方形の花だんの面積は何 m² ですか。

6.5m
5.4m

長方形の面積＝たて×横

式

$$5.4 \times 6.5 = 35.10$$

```
     5.4
   × 6.5
   ──────
     270
   324
   ──────
   35.10
```

答え 35.1 m²

● くふうして計算しましょう。

① $1.6 \times 0.9 + 2.4 \times 0.9$
　＝ $(1.6 + \boxed{2.4}) \times 0.9$
　＝ $\boxed{4} \times 0.9$
　＝ $\boxed{3.6}$

② $0.2 \times 6.7 \times 5$
　＝ $0.2 \times \boxed{5} \times 6.7$
　＝ $\boxed{1} \times 6.7$
　＝ $\boxed{6.7}$

39

110

P.40

小数のわり算（1）　筆算の仕方（□.□□÷□.□＝□.□）

月　日　名前

● 3.84 ÷ 2.4 を筆算でしましょう。

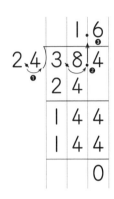

```
        1.6
  2.4)3.8.4
      2 4
      1 4 4
      1 4 4
          0
```

❶ わる数が整数に
なるように小数点を
右へうつす。
2.4 ➡ 2.4

❷ わられる数の小数点も，
わる数と同じだけ
右へうつす。
3.84 ➡ 3.8.4

❸ 整数と同じように計算して，
わられる数の小数点に
そろえて，商の小数点をうつ。

```
        1.6
  2.4)3.8.4
      2 4
      1 4 4
      1 4 4
          0
```

P.41

小数のわり算（2）　□.□□÷□.□＝□.□の計算

月　日　名前

● 筆算でしましょう。

① 7.74 ÷ 1.8

```
        4.3
  1.8)7.7.4
      7 2
        5 4
        5 4
          0
```

② 8.51 ÷ 3.7

```
        2.3
  3.7)8.5 1
      7 4
      1 1 1
      1 1 1
          0
```

③ 9.86 ÷ 2.9

```
        3.4
  2.9)9.8 6
      8 7
      1 1 6
      1 1 6
          0
```

❶ わる数を整数にする。　❷ わられる数の小数点をわる数と同じだけ右へうつす。
❸ 整数と同じように計算して商に小数点をうつ。

P.42

小数のわり算（3）　商が整数になる計算

月　日　名前

● 筆算でしましょう。

① 8.1 ÷ 2.7

```
        3.
  2.7)8.1.
      8 1
        0
```

② 67.2 ÷ 8.4

```
          8
  8.4)6 7.2
      6 7 2
          0
```

③ 64.5 ÷ 4.3

```
          1 5
  4.3)6 4.5
      4 3
      2 1 5
      2 1 5
          0
```

④ 91.2 ÷ 3.8

```
          2 4
  3.8)9 1.2
      7 6
      1 5 2
      1 5 2
          0
```

小数点を❶→❷→❸と動かして計算しよう。

P.43

小数のわり算（4）　□.□÷□.□＝□.□□の計算

月　日　名前

● 筆算でしましょう。

① 3.9 ÷ 2.6

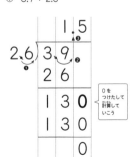

```
        1.5
  2.6)3.9.
      2 6
      1 3 0
      1 3 0
          0
```

0を
つけたして
計算して
いこう

② 6.3 ÷ 1.8

```
        3.5
  1.8)6.3
      5 4
        9 0
        9 0
          0
```

③ 8.4 ÷ 3.5

```
        2.4
  3.5)8.4
      7 0
      1 4 0
      1 4 0
          0
```

解答

P.44

小数のわり算（5）　□□.□÷□.□=□.□の計算

● 筆算でしましょう。

① $46.2 \div 8.4$

$$
\begin{array}{r}
5.5 \\
8.4\overline{)46.2} \\
420 \\
\hline
420 \\
420 \\
\hline
0
\end{array}
$$

0をつけたして計算だね。

② $34.5 \div 4.6$

$$
\begin{array}{r}
7.5 \\
4.6\overline{)34.5} \\
322 \\
\hline
230 \\
230 \\
\hline
0
\end{array}
$$

③ $24.7 \div 3.8$

$$
\begin{array}{r}
6.5 \\
3.8\overline{)24.7} \\
228 \\
\hline
190 \\
190 \\
\hline
0
\end{array}
$$

P.45

小数のわり算（6）　0.□でわる計算

● 筆算でしましょう。

① $9.45 \div 0.7$

$$
\begin{array}{r}
13.5 \\
0.7\overline{)9.45} \\
7 \\
\hline
24 \\
21 \\
\hline
35 \\
35 \\
\hline
0
\end{array}
$$

② $3.48 \div 0.4$

$$
\begin{array}{r}
8.7 \\
0.4\overline{)3.48} \\
32 \\
\hline
28 \\
28 \\
\hline
0
\end{array}
$$

③ $5.2 \div 0.8$

$$
\begin{array}{r}
6.5 \\
0.8\overline{)5.2} \\
48 \\
\hline
40 \\
40 \\
\hline
0
\end{array}
$$

P.46

小数のわり算（7）　0.□□でわる計算

● 筆算でしましょう。

① $8.64 \div 0.36$

$$
\begin{array}{r}
24 \\
0.36\overline{)8.64} \\
72 \\
\hline
144 \\
144 \\
\hline
0
\end{array}
$$

小数点を右へ2つうつよ。

② $3.76 \div 0.04$

$$
\begin{array}{r}
94 \\
0.04\overline{)3.76} \\
36 \\
\hline
16 \\
16 \\
\hline
0
\end{array}
$$

③ $7.54 \div 0.58$

$$
\begin{array}{r}
13 \\
0.58\overline{)7.54} \\
58 \\
\hline
174 \\
174 \\
\hline
0
\end{array}
$$

P.47

小数のわり算（8）

● 筆算でしましょう。

① $4.08 \div 0.3$

$$
\begin{array}{r}
13.6 \\
0.3\overline{)4.08} \\
3 \\
\hline
10 \\
9 \\
\hline
18 \\
18 \\
\hline
0
\end{array}
$$

② $0.72 \div 0.45$

$$
\begin{array}{r}
1.6 \\
0.45\overline{)0.72} \\
45 \\
\hline
270 \\
270 \\
\hline
0
\end{array}
$$

③ $0.15 \div 0.06$

$$
\begin{array}{r}
2.5 \\
0.06\overline{)0.15} \\
12 \\
\hline
30 \\
30 \\
\hline
0
\end{array}
$$

児童に実施させる前に，必ず指導される方が問題を解いてください。本書の解答は，あくまでも1つの例です。指導される方の作られた解答をもとに，本書の解答例を参考に児童の多様な考えに寄り添って○つけをお願いします。

P.48

小数のわり算（9）　商に0をつけたす計算

名前　月　日

● 筆算でしましょう。

① 5.76 ÷ 7.2

```
        0.8
   7.2)5,7,6
       5 7 6
           0
```

答えの小数点の前に0をつけるよ。

② 0.98 ÷ 1.4

```
         0.7
   1.4)0.9 8
       9 8
         0
```

③ 2.16 ÷ 4.8

```
        0.4 5
   4.8)2.1 6
       1 9 2
         2 4 0
         2 4 0
             0
```

④ 0.57 ÷ 9.5

```
         0.0 6
   9.5)0.5 7 0
       5 7 0
           0
```

48

P.49

小数のわり算（10）　わられる数に0をつけたす計算

名前　月　日

● 筆算でしましょう。

① 5.6 ÷ 0.16

```
           3 5
   0.16)5.6 0   ←0をつけたす
        4 8
          8 0
          8 0
            0
```

小数点を右へ2つうつすと…。

② 7.6 ÷ 0.08

```
          9 5
   0.08)7.6 0
        7 2
          4 0
          4 0
            0
```

③ 18.2 ÷ 0.65

```
          2 8
   0.65)18.2 0
        1 3 0
          5 2 0
          5 2 0
              0
```

49

P.50

小数のわり算（11）　整数÷小数

名前　月　日

● 筆算でしましょう。

① 7 ÷ 1.4

```
         5
   1.4)7.0
       7 0
         0
```

7は7.0だから7.0→7.0

② 56 ÷ 3.5

```
        1 6
   3.5)5 6 0
       3 5
       2 1 0
       2 1 0
           0
```

③ 252 ÷ 7.2

```
         3 5
   7.2)2 5 2 0
       2 1 6
         3 6 0
         3 6 0
             0
```

50

P.51

小数のわり算（12）　わり進むわり算

名前　月　日

● わりきれるまで計算しましょう。

① 39 ÷ 1.2

```
         3 2.5
   1.2)3 9.0
       3 6
         3 0
         2 4
           6 0
           6 0
             0
```

がんばって！

② 3 ÷ 0.8

```
         3.7 5
   0.8)3.0
       2 4
         6 0
         5 6
           4 0
           4 0
             0
```

51

113

P.52

小数のわり算（13）　あまりを求める計算

名前　月　日

● 商を整数で求め，あまりも出しましょう。

① 17.3 ÷ 3.2　② 3.27 ÷ 0.5　③ 9.6 ÷ 0.27

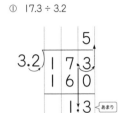 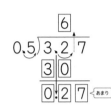 

あまりの小数点は，わられる数のもとの小数点の位置にそろえるよ。

$17.3 ÷ 3.2 = 5$ あまり 1.3

$3.27 ÷ 0.5 = 6$ あまり 0.27

$9.6 ÷ 0.27 = 35$ あまり 0.15

52

P.53

小数のわり算（14）　商をがい数で求める計算

名前　月　日

● 商は四捨五入して，上から2けたのがい数で求めましょう。

① 7.85 ÷ 3.6　② 55.4 ÷ 0.7　③ 9 ÷ 5.8

上から2けた　上から3けための四捨五入する　四捨五入

答え　約　2.2　/　79　/　1.6

53

P.54

小数のわり算（15）　商をがい数で求める計算

名前　月　日

● 商は四捨五入して，$\frac{1}{10}$の位までのがい数で求めましょう。

① 5.3 ÷ 0.7　② 6.2 ÷ 7.4　③ 4.15 ÷ 8.2

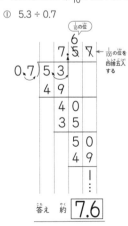

$\frac{1}{100}$の位を四捨五入する　四捨五入

答え　約　7.6　/　0.8　/　0.5

54

P.55

小数のわり算（16）

名前　月　日

● 43.5㎡の長方形の花だんがあります。たての長さは5.8mです。横の長さは何mですか。

たて×横 = 長方形の面積
5.8 × □ = 43.5

式

$$43.5 ÷ 5.8 = 7.5$$

答え　7.5 m

● 5.2 mのリボンを 0.65 mずつ切ります。0.65 mのリボンは何本できますか。

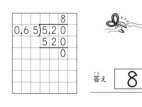

式

$$5.2 ÷ 0.65 = 8$$

答え　8 本

55

児童に実施させる前に，必ず指導される方が問題を解いてください。本書の解答は，あくまでも１つの例です。指導される方の作られた解答をもとに，本書の解答例を参考に児童の多様な考えに寄り添って○つけをお願いします。 **解答**

P.56

小数倍（1）

● ヒマワリの高さをくらべましょう。

① ⓘのヒマワリの高さは，
ⓐのヒマワリの高さの
何倍ですか。

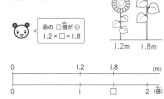

ⓐの □倍が ⓘ
1.2 × □ = 1.8

1.2m　1.8m

```
0        1.2   1.8   (m)
0         1    □    2 (倍)
```

式　$1.8 ÷ 1.2 = 1.5$

答え　1.5 倍

② ⓘのヒマワリの高さは，
ⓐのヒマワリの高さの
何倍ですか。

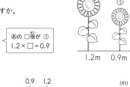

ⓐの □倍が ⓙ
1.2 × □ = 0.9

1.2m　0.9m

```
0      0.9  1.2      (m)
0      □    1    2 (倍)
```

式　$0.9 ÷ 1.2 = 0.75$

答え　0.75 倍

56

P.57

小数倍（2）

● ジュースの量を求めましょう。

① ⓐ のジュースは 5dL です。
ⓘ のジュースは，ⓐ の
ジュースの 2.4 倍の量です。
ⓘ のジュースは 何dL ですか。

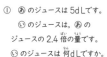

5dL　□dL

ⓐの 2.4倍が ⓘ
5 × 2.4 = □

```
0      5      □      (dL)
0   1   2 2.4 3  (倍)
```

式　$5 × 2.4 = 12$

答え　12 dL

② ⓐ のジュースは 8dL です。
ⓘ のジュースは，ⓐ の
ジュースの 0.6 倍の量です。
ⓘ のジュースは 何dL ですか。

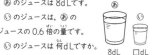

8dL　□dL

ⓐの 0.6倍が ⓘ
8 × 0.6 = □

```
0      □      8      (dL)
0     0.6  1      2 (倍)
```

式　$8 × 0.6 = 4.8$

答え　4.8 dL

57

P.58

小数倍（3）

● 南小学校の今の児童数は 574 人です。
この人数は，5 年前の児童数の 0.7 倍です。
5 年前の児童数は何人でしたか。

5年前の 0.7倍が 今
□ × 0.7 = 574

```
0      574  □     (人)
0     0.7  1    2 (倍)
```

式　$574 ÷ 0.7 = 820$

答え　820 人

● ケーキのねだんは 480 円です。
このねだんはシュークリームのねだんの 1.6 倍です。
シュークリームのねだんは何円ですか。

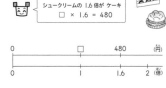

シュークリームの 1.6倍が ケーキ
□ × 1.6 = 480

```
0      □      480   (円)
0     1   1.6   2 (倍)
```

式　$480 ÷ 1.6 = 300$

答え　300 円

58

P.59

合同な図形（1）

● ⓐ～ⓔの三角形について調べましょう。

① 上のⓐの三角形と，形も大きさも
同じ三角形はどれですか。　　ⓤ

うすい紙に写して
重ねてみるといいね。

② 上のⓐの三角形をうら返すと重なる三角形は
どれですか。　　ⓔ

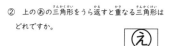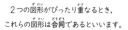
2 つの図形がぴったり重なるとき，
これらの図形は合同であるといいます。

59

115

P.60

合同な図形（2）

| | 月 | 日 | 名前 |

> ２つの合同な図形で，重なり合う頂点，辺，角を
> それぞれ対応する頂点，対応する辺，対応する角といいます。

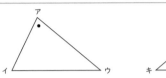

ひっくり返す
ひっくり返すと重なるね。

● 上の２つの三角形は合同です。
対応する頂点，辺，角をそれぞれ書きましょう。

① 対応する頂点　頂点ア と 頂点 **カ**

頂点イ と 頂点 **ク**

頂点ウ と 頂点 **キ**

② 対応する辺　辺アイ と 辺 **カク**

辺イウ と 辺 **クキ**

辺ウア と 辺 **キカ**

③ 対応する角　角 ア と 角 **カ**

角 イ と 角 **ク**

角 ウ と 角 **キ**

60

P.61

合同な図形（3）

| | 月 | 日 | 名前 |

● 下の２つの四角形は合同です。
対応する頂点，辺，角をそれぞれ書きましょう。

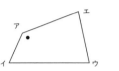

まわすと重なるよ。

① 対応する頂点

頂点ア と 頂点 **ク**

頂点イ と 頂点 **ケ**

頂点カ と 頂点 **ウ**

頂点キ と 頂点 **エ**

② 対応する辺

辺カキ と 辺 **ウエ**

辺イウ と 辺 **ケカ**

③ 対応する角

角 ケ と 角 **イ**

角 エ と 角 **キ**

61

P.62

合同な図形（4）

| | 月 | 日 | 名前 |

● 下の２つの四角形は合同です。
辺の長さや角の大きさについて調べましょう。

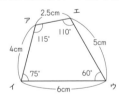

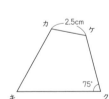

> 合同な図形では，
> 対応する辺の長さは
> 等しく，対応する角の
> 大きさも等しく
> なっています。

① 次の辺の長さは何 cm ですか。

辺カキ **5** cm

辺クケ **4** cm

② 次の角の大きさは何度ですか。

角キ **60**°

角ケ **115**°

頂点カに対応する頂点は 頂点 **エ**
頂点キに対応する頂点は 頂点 **ウ**

62

P.63

合同な図形（5）

| | 月 | 日 | 名前 |

● 次の四角形に１本の対角線をひいて２つの三角形に分けましょう。
できた２つの三角形は合同かどうか調べましょう。

㋐ 台形

㋑ 平行四辺形　または

㋒ ひし形　または

（ 合同である・**合同でない** ）
どちらかに○をしよう

（ **合同である**・合同でない ）

（ **合同である**・合同でない ）

長方形からできる２つの三角形㋐と㋑は
合同といえるね。

63

P.64

合同な図形（6）

名前 月 日

● 下の三角形アイウと合同な三角形をかきましょう。

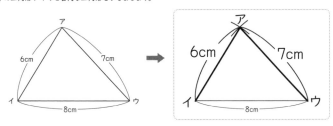

3つの辺の長さを使ってかく

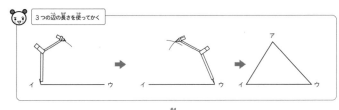

64

P.65

合同な図形（7）

名前 月 日

● 下の三角形アイウと合同な三角形をかきましょう。

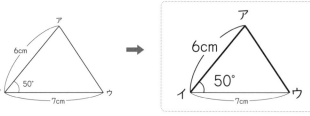

2つの辺の長さと，その間の角の大きさを使ってかく

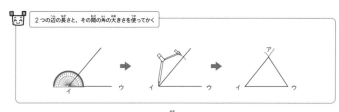

65

P.66

合同な図形（8）

名前 月 日

● 下の三角形アイウと合同な三角形をかきましょう。

1つの辺の長さと，その両はしの2つの角の大きさを使ってかく

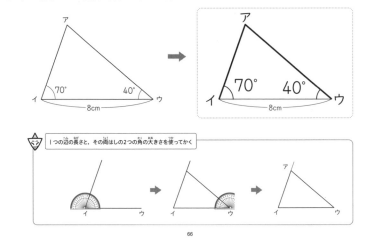

66

P.67

合同な図形（9）

名前 月 日

● 下の平行四辺形アイウエと合同な平行四辺形をかきましょう。

平行四辺形だから

辺アエは **7** cm

辺エウは **6** cm だね。

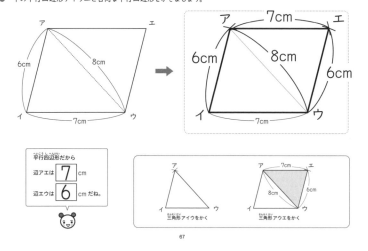

三角形アイウをかく　三角形アウエをかく

67

117

解答

児童に実施させる前に，必ず指導される方が問題を解いてください。本書の解答は，あくまでも1つの例です。指導される方の作られた解答をもとに，本書の解答例を参考に児童の多様な考えに寄り添って○つけをお願いします。

P.68

図形の角（1）

月　日　名前

● ㋐，㋑，㋒の角度は何度ですか。計算で求めましょう。

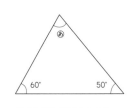

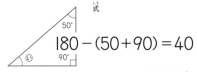

式

$180 - (50 + 90) = 40$

答え　40°

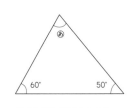
三角形の3つの角の大きさの和は180°です。

式

$180 - (60 + 50) =$ 70

答え　70°

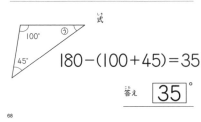

式

$180 - (100 + 45) = 35$

答え　35°

P.69

図形の角（2）

月　日　名前

● ㋐，㋑の角度は何度ですか。計算で求めましょう。

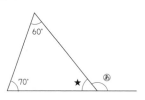

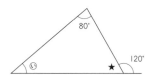

① ★の角度を求める

$180 - (60 + 70) =$ 50

② ㋐の角度を求める

$180 -$ 50 $= 130$

㋐　130°

① ★の角度を求める

$180 -$ 120 $=$ 60

② ㋑の角度を求める

$180 - ($ 80 $+$ 60 $) =$ 40

㋑　40°

P.70

図形の角（3）

月　日　名前

● □にあてはまる数を書きましょう。

四角形を対角線で2つに分けると，三角形が2つできます。三角形の3つの角の大きさの和は180°なので，四角形の4つの角の大きさの和は

180°× 2 = 360°

四角形の4つの角の大きさの和は360°です。

● ㋐，㋑の角度は何度ですか。計算で求めましょう。

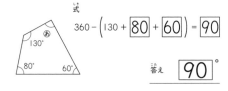

式

$360 - ($ 130 $+$ 80 $+$ 60 $) = 90$

答え　90°

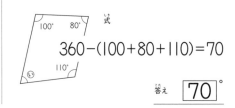

式

$360 - (100 + 80 + 110) = 70$

答え　70°

P.71

図形の角（4）

月　日　名前

● ㋐，㋑の角度は何度ですか。計算で求めましょう。

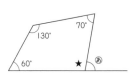

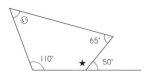

① ★の角度を求める

$360 - ($ 70 $+$ 130 $+$ 60 $) =$ 100

② ㋐の角度を求める

$180 -$ 100 $=$ 80

㋐　80°

① ★の角度を求める

$180 -$ 50 $=$ 130

② ㋑の角度を求める

$360 - ($ 65 $+$ 110 $+$ 130 $) =$ 55

㋑　55°

P.72

図形の角（5）

名前　月　日

● 五角形の 5 つの角の大きさの和について調べましょう。

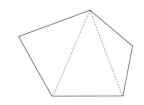

① 左の図のように，1 つの頂点から対角線をひくと，三角形がいくつできますか。

3

上の図のように 5 本の直線で囲まれた図形を**五角形**といいます。

② 三角形の 3 つの角の大きさの和を使って，五角形の 5 つの角の大きさの和を求めましょう。

三角形の 3 つの角の大きさの和は **180**°

三角形の角の大きさの和 | 三角形の数

180 × **3** = **540**

五角形の 5 つの角の大きさの和は **540**°

72

P.73

図形の角（6）

名前　月　日

● 六角形の 6 つの角の大きさの和を求めましょう。

1つの頂点から対角線をひいてみよう。

三角形がいくつできるかな。

式

三角形の角の大きさの和 | 三角形の数

180 × **4** = **720**

答え **720**°

● 七角形の 7 つの角の大きさの和を求めましょう。

対角線をひいて三角形をつくってみよう。

式

三角形の角の大きさの和 | 三角形の数

180 × **5** = **900**

答え **900**°

73

P.74

図形の角（7）

名前　月　日

● 多角形の角の大きさの和について表にまとめましょう。

三角形，四角形，五角形などのように，直線で囲まれた形を**多角形**といいます。

	三角形	四角形	五角形	六角形	七角形
	△	▱	⬠	⬡	⬣
三角形の数	1	2	3	4	5
角の大きさを求める式		180 × 2	180 × 3	180 × 4	180 × 5
角の大きさの和	180°	360°	540°	720°	900°

74

P.75

偶数と奇数・倍数と約数（1）　偶数と奇数

名前　月　日

● 次の⑦と④の数を 2 でわってみましょう。

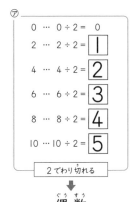

⑦
0 … 0 ÷ 2 = 0
2 … 2 ÷ 2 = **1**
4 … 4 ÷ 2 = **2**
6 … 6 ÷ 2 = **3**
8 … 8 ÷ 2 = **4**
10 … 10 ÷ 2 = **5**

2 でわり切れる

↓

偶 数

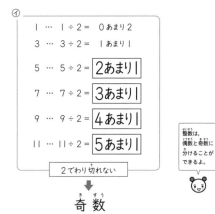

④
1 … 1 ÷ 2 = 0 あまり 2
3 … 3 ÷ 2 = 1 あまり 1
5 … 5 ÷ 2 = **2 あまり 1**
7 … 7 ÷ 2 = **3 あまり 1**
9 … 9 ÷ 2 = **4 あまり 1**
11 … 11 ÷ 2 = **5 あまり 1**

2 でわり切れない

↓

奇 数

整数は，偶数と奇数に分けることができるよ。

75

P.76

偶数と奇数・倍数と約数 (2) 偶数と奇数

名前　月　日

● 下の数直線で，偶数を○で囲みましょう。

① ㉖ 27 ㉘ 29 ㉚ 31 ㉜ 33 ㉞ 35 ㊱

② ㉜ 99 ⑩⑩ 101 ⑩② 103 ⑩④ 105 ⑩⑥ 107 ⑩⑧

■ 奇数を通ってゴールまで行きましょう。通った数を□に書きましょう。

① 55　③ 83

② 7　④ 91

P.77

偶数と奇数・倍数と約数 (3) 倍数

名前　月　日

● １ふくろ３こ入りのりんごが売られています。

① ４ふくろ買ったとき，りんごの数は何こですか。

式

$3 \times 4 = 12$

答え 12 こ

② ７ふくろ買ったとき，りんごの数は何こですか。

式

$3 \times 7 = 21$

答え 21 こ

③ ふくろの数とりんごの数の関係を表にまとめましょう。

ふくろの数（ふくろ）	1	2	3	4	5	6	7	8
りんごの数（こ）	3	6	9	12	15	18	21	24

りんごの数は３×□で求められるね。３ずつ増えていくよ。

３に整数をかけてできる数を，３の倍数といいます。０は，倍数には入れません。

P.78

偶数と奇数・倍数と約数 (4) 倍数

名前　月　日

● 下の数直線で，2，3，4の倍数をそれぞれ○で囲みましょう。

① ２の倍数

２×□の数が２の倍数だね。

2×1　2×2　2×3

0 1 ② 3 ④ 5 ⑥ 7 ⑧ 9 ⑩ 11 ⑫ 13 ⑭ 15 ⑯ 17 ⑱ 19 ⑳

② ３の倍数

3×1　3×2

0 1 2 ③ 4 5 ⑥ 7 8 ⑨ 10 11 ⑫ 13 14 ⑮ 16 17 ⑱ 19 20

③ ４の倍数

0 1 2 3 ④ 5 6 7 ⑧ 9 10 11 ⑫ 13 14 15 ⑯ 17 18 19 ⑳

P.79

偶数と奇数・倍数と約数 (5) 倍数

名前　月　日

● 5，6，7の倍数をそれぞれ小さい方から順に５つ書きましょう。

① 5

5×1　5×2　5×3　5×4　5×5

5, 10, 15, 20, 25

③ 7

7, 14, 21, 28, 35

② 6

6, 12, 18, 24, 30

■ ８の倍数を通ってゴールまで行きましょう。通った数を□に書きましょう。

① 16　③ 80

② 72　④ 32

児童に実施させる前に，必ず指導される方が問題を解いてください。本書の解答は，あくまでも１つの例です。指導される方の作られた解答をもとに，本書の解答例を参考に児童の多様な考えに寄り添って○つけをお願いします。

解答

P.80

偶数と奇数・倍数と約数（6） 公倍数と最小公倍数

名前　　月　日

● ３と４の倍数について調べましょう。

① 下の数直線で，３と４の倍数をそれぞれ○で囲みましょう。

② 下の数直線で，３の倍数にも４の倍数にもなっている数を赤丸で囲みましょう。

③ ３と４の公倍数を小さい方から２つ書きましょう。

$$12 , 24$$

④ ３と４の最小公倍数を書きましょう。

$$12$$

> ３の倍数にも４の倍数にもなっている数を，３と４の公倍数といいます。公倍数のうち，いちばん小さい数を最小公倍数といいます。

３の倍数　0 1 ③ 4 5 ⑥ 7 8 ⑨ l ⑫ 14 ⑮ 16 17 ⑱ 19 20 ㉑ 22 23 ㉔ 25

４の倍数　0 1 2 3 ④ 5 6 7 ⑧ l ⑫ 13 14 15 ⑯ 17 18 19 ⑳ 21 22 23 ㉔ 25

80

P.81

偶数と奇数・倍数と約数（7） 公倍数と最小公倍数

名前　　月　日

● ２と３の公倍数と最小公倍数を見つけましょう。

① 数直線で，２と３の倍数をそれぞれ○で囲みましょう。

２の倍数　0 1 ② 3 ④ 5 ⑥ 7 ⑧ 9 ⑩ 11 ⑫ 13 ⑭ 15 ⑯ 17 ⑱ 19 ⑳ 21 ㉒ 23 ㉔ 25

３の倍数　0 1 2 ③ 4 5 ⑥ 7 8 ⑨ 10 11 ⑫ 13 14 ⑮ 16 17 ⑱ 19 20 ㉑ 22 23 ㉔ 25

② １から25までの整数で，２と３の公倍数を書きましょう。

$$6 , 12 , 18 , 24$$

> ２の倍数にも３の倍数にもなっている数はどれかな。

③ ２と３の最小公倍数を書きましょう。

$$6$$

81

P.82

偶数と奇数・倍数と約数（8） 公倍数と最小公倍数

名前　　月　日

● ３と９の公倍数と最小公倍数を見つけましょう。

① 数直線で，３と９の倍数をそれぞれ○で囲みましょう。

３の倍数　0 1 2 ③ 4 5 ⑥ 7 8 ⑨ 10 11 ⑫ 13 14 ⑮ 16 17 ⑱ 19 20

９の倍数　0 1 2 3 4 5 6 7 8 ⑨ 10 11 12 13 14 15 16 17 ⑱ 19 20

② １から20までの整数で，３と９の公倍数を書きましょう。

$$9 , 18$$

③ ３と９の最小公倍数を書きましょう。

$$9$$

82

P.83

偶数と奇数・倍数と約数（9） 約数

名前　　月　日

● ８本のえん筆を同じ数ずつ子どもに分けます。

① 子どもの数が１人，２人，…のときの１人分の数を調べましょう。

> 左の式を見て，表にまとめてみよう。

えん筆の数÷人数	1人分のえん筆の数
1人　8 ÷ 1 =	8
2人　8 ÷ 2 =	4
3人　8 ÷ 3 = 2 あまり 2	
4人　8 ÷ 4 =	2
5人　8 ÷ 5 = 1 あまり 3	
6人　8 ÷ 6 = 1 あまり 2	
7人　8 ÷ 7 = 1 あまり 1	
8人　8 ÷ 8 =	1

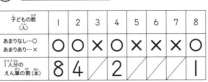

子どもの数（人）	1	2	3	4	5	6	7	8
あまりなし…○ あまりあり…×	○	○	×	○	×	×	×	○
1人分のえん筆の数（本）	8	4	/	2	/	/	/	1

② えん筆のあまりが出ないように分けられたのは，子どもが何人のときですか。

$$1 人, 2 人, 4 人, 8 人$$

> ８をわり切ることのできる整数を，８の約数といいます。１ともとの整数も約数に入れます。

83

121

解答

児童に実施させる前に，必ず指導される方が問題を解いてください。本書の解答は，あくまでも1つの例です。指導される方の作られた解答をもとに，本書の解答例を参考に児童の多様な考えに寄り添って○つけをお願いします。

P.84

偶数と奇数・倍数と約数（10）　約数

● 下の数直線で，9，12，15の約数をそれぞれ○で囲みましょう。

① 9の約数

9÷□でわり切れる数が9の約数だね。

② 12の約数

③ 15の約数

84

P.85

偶数と奇数・倍数と約数（11）　約数

● 約数をすべて書きましょう。

① 18の約数

1と18，2と9，3と6のように，かけると18になるペアで見つけることもできるよ。

③ 17の約数

約数が1ともとの整数しかないものもあるよ。

② 25の約数

④ 36の約数

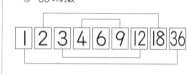

85

P.86

偶数と奇数・倍数と約数（12）　公約数と最大公約数

● 8と12の約数について調べましょう。

① 下の数直線で，8と12の約数をそれぞれ○で囲みましょう。

② 下の数直線で，8の約数にも12の約数にもなっている数を赤丸で囲みましょう。

8の約数にも12の約数にもなっている数を，8と12の**公約数**といいます。公約数のうち，いちばん大きい数を**最大公約数**といいます。

③ 8と12の公約数を書きましょう。

$$1, 2, 4$$

④ 8と12の最大公約数を書きましょう。

$$4$$

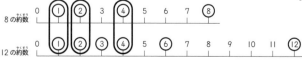

86

P.87

偶数と奇数・倍数と約数（13）　公約数・最大公約数

● 9と18の公約数と最大公約数を見つけましょう。

① 数直線で，9と18の約数をそれぞれ○で囲みましょう。

9の約数

18の約数

② 9と18の公約数を書きましょう。

$$1, 3, 9$$

③ 9と18の最大公約数を書きましょう。

$$9$$

9の約数にも18の約数にもなっている数はどれかな。

87

122

P.88

偶数と奇数・倍数と約数（14）　公約数・最大公約数

● 15と20の公約数と最大公約数を見つけましょう。

① 15と20の約数を書きましょう。

15の約数　1 3 5 15

20の約数　1 2 4 5 10 20

② 15と20の公約数を書きましょう。

1 , 5

③ 15と20の最大公約数を書きましょう。

5

● 24と32の公約数と最大公約数を見つけましょう。

① 24と32の約数を書きましょう。

24の約数　1 2 3 4 6 8 12 24

32の約数　1 2 4 8 16 32

② 24と32の公約数を書きましょう。

1 , 2 , 4 , 8

③ 24と32の最大公約数を書きましょう。

8

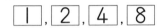

P.89

偶数と奇数・倍数と約数（15）　最小公倍数と最大公約数

● ㋐のバスは10分おきに発車します。
㋑のバスは15分おきに発車します。
午前9時に㋐，㋑のバスが同時に発車しました。
次に2つのバスが同時に発車するのは，
何時何分ですか。

㋐、㋑のバスが発車する時間に○をしてみよう。

㋐　0 5 10 15 20 25 30 35 40（分）
9時

㋑　0 5 10 15 20 25 30 35 40（分）
9時

答え　9時 30 分

● あめが12こあります。
チョコレートが16こあります。
あまりが出ないようにそれぞれ同じ数ずつ
できるだけ多くの人に配ります。
何人に配ることができますか。

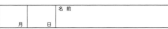
それぞれわり切れる数に○をしてみよう。

あめ　0 1 2 3 4 5 6 7 8 9 10 11 12

チョコレート　0 1 2 3 4 5 6 7 8 9 10 11 12 13 14 15 16

求めるのは、12と16の
最大公約数だね。

答え　4 人

P.90

四角形と三角形の面積（1）　平行四辺形

● 次の平行四辺形で辺ABを底辺としたとき，高さは㋐と㋑のどちらですか。
正しい方に線をひきましょう。

①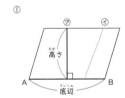
㋐　㋑
高さ
A　底辺　B

底辺と高さに
なる直線は、
必ず垂直に
なっています。

②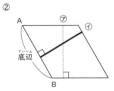
A　㋐　㋑
底辺
B

③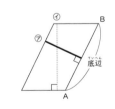
㋑　B
㋐
底辺
A

④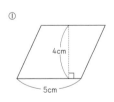
㋐　㋑
A　底辺　B

P.91

四角形と三角形の面積（2）　平行四辺形

● 平行四辺形の面積を求めましょう。

平行四辺形の面積 ＝ 底辺 × 高さ

①
4cm
5cm

式
底辺　高さ
5 × 4 ＝ 20

答え　20 cm²

②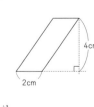
4cm
2cm

式
2 × 4 ＝ 8

答え　8 cm²

③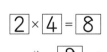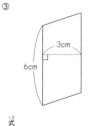
3cm
6cm

式
6 × 3 ＝ 18

答え　18 cm²

P.92

四角形と三角形の面積 （3） 平行四辺形

	月	日	名前

● 平行四辺形の面積を求めましょう。

> 底辺と高さは垂直な関係だよ。

①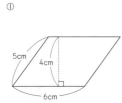

式

$6 \times 4 = 24$

答え 24 cm²

②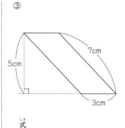

式

$5 \times 3 = 15$

答え 15 cm²

③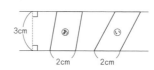

式

$3 \times 5 = 15$

答え 15 cm²

92

P.93

四角形と三角形の面積 （4） 平行四辺形

	月	日	名前

● 下のあとⒾの平行四辺形の面積は等しいですか。正しい方に○をつけて，その理由を書きましょう。

平行四辺形あとⒾの面積は

（ (等しい) 等しくない ）

理由

あとⒾの底辺の長さと **高さ** が **等しい** から。

● 次のあ〜③の面積を求めましょう。

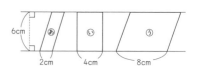

> 高さはどれも6cmだね。

あ $2 \times 6 = 12$　12 cm²

Ⓘ $4 \times 6 = 24$　24 cm²

③ $8 \times 6 = 48$　48 cm²

93

P.94

四角形と三角形の面積 （5） 三角形

	月	日	名前

● 次の三角形で辺ABを底辺としたとき，高さは㋐と㋑のどちらですか。□に書きましょう。

①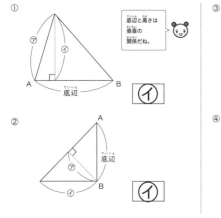

> 底辺と高さは垂直の関係だね。

㋑

②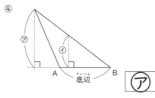

㋑

③

㋐

④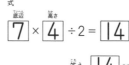

㋐

94

P.95

四角形と三角形の面積 （6） 三角形

	月	日	名前

● 三角形の面積を求めましょう。

三角形の面積 ＝ 底辺 × 高さ ÷ 2

①

式

$7 \times 4 \div 2 = 14$

答え 14 cm²

②

式

$4 \times 6 \div 2 = 12$

答え 12 cm²

③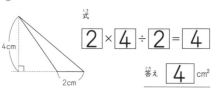

式

$2 \times 4 \div 2 = 4$

答え 4 cm²

95

124

P.96

四角形と三角形の面積（7） 三角形

		名 前
月	日	

● 三角形の面積を求めましょう。

①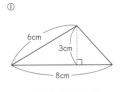

6cm
3cm
8cm

三角形の面積＝
底辺×高さ÷2

式
$8 \times 3 \div 2 = 12$

答え 12 cm²

②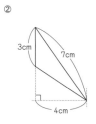

3cm
7cm
4cm

式
$3 \times 4 \div 2 = 6$

答え 6 cm²

③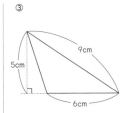

9cm
5cm
6cm

式
$6 \times 5 \div 2 = 15$

答え 15 cm²

96

P.97

四角形と三角形の面積（8） 三角形

		名 前
月	日	

● 下の ㋐，㋑，㋒ の三角形の面積は等しいですか。
　正しい方に○をつけて，その理由を書きましょう。

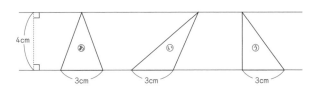

4cm
㋐ 3cm　㋑ 3cm　㋒ 3cm

三角形 ㋐，㋑，㋒ の面積は

（ **どれも等しい**　等しくない ）

3つの三角形の
底辺と高さをくらべてみよう。

理由

三角形 ㋐，㋑，㋒ はどれも

底辺の長さと **高さ** が **等しい** から。

97

P.98

四角形と三角形の面積（9） 台形

		名 前
月	日	

● 台形の面積を求めましょう。

台形の面積 ＝（上底＋下底）× 高さ ÷ 2

①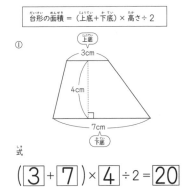

上底
3cm
4cm
7cm
下底

式
$(3 + 7) \times 4 \div 2 = 20$

答え 20 cm²

②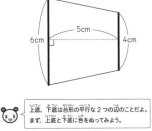

5cm
6cm　4cm

上底，下底は台形の平行な2つの辺のことだよ。
まず，上底と下底に色をぬってみよう。

式
$(6 + 4) \times 5 \div 2 = 25$

答え 25 cm²

98

P.99

四角形と三角形の面積（10） 台形

		名 前
月	日	

● 台形の面積を求めましょう。

①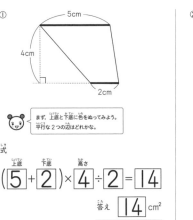

5cm
4cm
2cm

まず，上底と下底に色をぬってみよう。
平行な2つの辺はどれかな。

式
上底 下底 高さ
$(5 + 2) \times 4 \div 2 = 14$

答え 14 cm²

②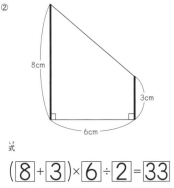

8cm
3cm
6cm

式
$(8 + 3) \times 6 \div 2 = 33$

答え 33 cm²

99

P.100

四角形と三角形の面積（11）　ひし形

名前　月　日

● ひし形の面積を求めましょう。

ひし形の面積 ＝ 一方の対角線 × 一方の対角線 ÷ 2

①
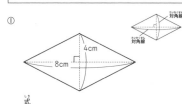

②
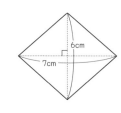

式

一方の対角線　一方の対角線
$$4 × 8 ÷ 2 = 16$$

答え 16 cm²

式

$$6 × 7 ÷ 2 = 21$$

答え 21 cm²

100

P.101

四角形と三角形の面積（12）　四角形

名前　月　日

● 下の四角形の面積をくふうして求めましょう。

2つの三角形あといに分けて求めることができるね。

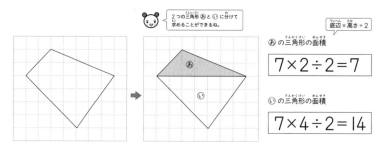

底辺×高さ÷2

あの三角形の面積
$$7 × 2 ÷ 2 = 7$$

いの三角形の面積
$$7 × 4 ÷ 2 = 14$$

四角形の面積は　あの面積　いの面積
$$7 + 14 = 21$$

答え 21 cm²

101

126

喜楽研の支援教育シリーズ

ゆっくり ていねいに 学べる

算数教科書支援ワーク　5-①

2023 年 3 月 1 日　　第 1 刷発行

イ ラ ス ト：　山口 亜耶 他
表紙イラスト：　鹿川 美佳
表紙デザイン：　エガオデザイン
企 画 ・ 編 著：　原田 善造・あおい えむ・今井 はじめ・さくら りこ
　　　　　　　　中田 こういち・なむら じゅん・ほしの ひかり・堀越 じゅん
　　　　　　　　みやま りょう（他 4 名）
編 集 担 当：　桂 真紀

発　行　者：　岸本 なおこ
発　行　所：　喜楽研（わかる喜び学ぶ楽しさを創造する教育研究所：略称）
　　　　　　　〒604-0827　京都府京都市中京区高倉通二条下ル瓦町 543-1
　　　　　　　TEL　075-213-7701　FAX　075-213-7706
　　　　　　　HP　https://www.kirakuken.co.jp
印　　　刷：　創栄図書印刷株式会社

ISBN:978-4-86277-405-7

Printed in Japan

喜楽研 WEB サイト
書籍の最新情報（正誤表含む）は
喜楽研 WEB サイトをご覧下さい。

学校現場では，本書ワークシートをコピー・印刷して児童に配布できます。
学習する児童の実態にあわせて，拡大してお使い下さい。